उड़ान की तैयारी
लाइफ मैनेजमेंट
के गोल्डन रूल्स

शक्ति रावत

Copyright © Shakti Rawat
All Rights Reserved.

ISBN 978-1-63904-416-0

This book has been published with all efforts taken to make the material error-free after the consent of the author. However, the author and the publisher do not assume and hereby disclaim any liability to any party for any loss, damage, or disruption caused by errors or omissions, whether such errors or omissions result from negligence, accident, or any other cause.

While every effort has been made to avoid any mistake or omission, this publication is being sold on the condition and understanding that neither the author nor the publishers or printers would be liable in any manner to any person by reason of any mistake or omission in this publication or for any action taken or omitted to be taken or advice rendered or accepted on the basis of this work. For any defect in printing or binding the publishers will be liable only to replace the defective copy by another copy of this work then available.

यह किताब समर्पित है, उन सारे युवा और जुनूनी सोच वाले लोगों को जिनका नाम आने वाले कल के सफल लोगों की सूची में शामिल होने वाला है। आज भले ही दुनिया आपका नाम नहीं जानती हो, लेकिन हिम्मत के साथ पूरी लगन से अपने लक्ष्य के लिए संघर्ष करने वालों के नाम और चेहरे ज्यादा दिन तक दुनिया की नजरों से छिपे नहीं रहते। मुझे पूरा यकीन है, आप उन लोगों में से एक हैं और इसीलिये यह किताब आपके लिए है।

क्रम-सूची

क्या कहती है यह किताब	vii
क्यों जरूरी है, लाइफ मैनेजमेंट	ix
क्या आप तूफान में आराम से सो सकते हैं ?	xi
1. अध्याय 1	1
2. अध्याय 2	3
3. अध्याय 3	5
4. अध्याय 4	7
5. अध्याय 5	9
6. अध्याय 6	11
7. अध्याय 7	13
8. अध्याय 8	15
9. अध्याय 9	17
10. अध्याय 10	19
11. अध्याय 11	21
12. अध्याय 12	24
13. अध्याय 13	26
14. अध्याय 14	28
15. अध्याय 15	30
16. अध्याय 16	33
17. अध्याय 17	35
18. अध्याय 18	37
19. अध्याय 19	39
20. अध्याय 20	41
21. अध्याय 21	43

• v •

क्रम-सूची

22. अध्याय 22 45

क्या कहती है यह किताब

उड़ान की तैयारी, लाइफ मैनेजमेंट पर आधारित किताब है। जो आपको जीवन प्रबंधन के बुनियादी तरीकों और नियमों की जानकारी देती है। मसलन बातचीत का सही तरीका, बॉडी लेंग्वेज, सकारात्मकता बढ़ाने के सरल उपाय, तनाव से जूझने के गुर, टाइम मैनजमेंट, अपने जीवन लक्ष्यों को सेट करना, जीवन में खुशी का स्तर बढ़ाने और चुनौतीयों का सामना करने की ताकत अपने अंदर पैदा करने जैसी तमाम बातें हैं, जो जीवन में सफल होने के लिए जरूरी होती हैं। कई लोग अपने जीवन में योग्यता, क्षमता और साहस के साथ सही दिशा होते हुए भी असफल हो जाते हैं। जानतें हैं क्यों, क्योंकि उनके पास जीवन प्रबंधन की कला की जरूरी समझ का आभाव होता है, और कई बार सिर्फ बेहतर प्रबंधन की दम पर औसत लोग भी सफल हो जाते हैं। जीवन को व्यवस्थित करने और उसे सही तरीके से मैनेज करना कोई मामूली बात नहीं है, क्यों कि यही चीज आपको जीवन में ऊपर उठाने या नीचे ले जाने का काम करती है। इसीलिये जीवन प्रबंधन एक कला है, जिसे इस कला का ज्ञान है, वह आसानी से अपना लक्ष्य हासिल कर लेता है, और जिसे नहीं वह हमेशा अस्त-व्यस्त और हैरान -परेशान ही रहता है। किताब को इसीलिये उड़ान की तैयारी नाम दिया है। क्योंकि सफलता के आसमान में उडऩे से पहले लाइफ मैनेजमेंट की तैयारी बहुत जरूरी है। यह किताब आपको बताती है, जीवन प्रबंधन के ऐसे ही गोल्डन रूल्स के बारे में जो आपके जीवन में बहुत काम आ सकते हैं। किताब का हर आर्टीकल जीवन प्रबंधन के किसी ना किसी अहम सूत्र से जुड़ा हुआ है। जो आपको लाइफ मैनेजमेंट की जरूरी सीख देता है। कई बातें ऐसी भी है, जो आप शायद पहली बार जानेंगे। यह ऐसे रूल्स हैं, जिनको अपनाकर दुनियाभर में ना जाने कितने लोगों ने अपनी मंजिल पर पंहुचने का रास्ता आसान किया है। क्यों कि यह सूत्र आपकी सोच को पैना करने के साथ ही कई नई जानकारियां भी अपने में समेटे हुए हैं, जो आपके जीवन को नई दिशा दे सकते हैं।

यह शब्द लिखते हुए मेरी यही कामना है, कि लाइफ मैनेमेंट के यह नियम आपकी सफलता की राह में मील के पत्थर बनें, और आपको अपने जीवन के लक्ष्य तक पंहुचायें।

धन्यवाद

क्यों जरूरी है, लाइफ मैनेजमेंट

आप किसी ऐसे घर में मेहमान बनकर जाएं जहां आधुनिक दुनिया के लिए जरूरी सब चीजें मौजूद हों, लेकिन उनमें से कोई भी व्यवस्थित ना हो, यानि घर में सबकुछ हो लेकिन सब अस्त-व्यस्त हो, तो यकीनन ऐसी जगह पर आपको ना तो कोई खुशी मिलेगी और ना ही शांति। आपके लिए वहां पर बैठना भी मुश्किल हो जाएगा। अब जरा यही बात जिंदगी के बारे में सोचकर देखिये। ईश्वर ने आपको सफल और खुशहाल होने के लिए जरूरी हर चीज दी है, लेकिन आपकी जिंदगी में उसमें से कुछ भी व्यवस्थित नहीं है। ना जीवन जीने का सही ढंग, ना समझ और ही कोई व्यवस्था। तो सोचिये आप अपनी जिंदगी से कैसे खुश और संतुष्ट रह सकेंगे। यही कारण है, कि आज ज्यादातर लोग अपनी जिंदगी से खुश नहीं है। कारण बहुत छोटा सा है, जिंदगी में कोई कमी नहीं है, बस आप उसका ठीक से प्रबंधन नहीं कर रहे हैं, किसी काम का समय तय नहीं, जीवन में कोई लक्ष्य नहीं, लक्ष्य है, तो ठीक दिशा में कोशिश नहीं, समय का ठीक से उपयोग नहीं, जबकि जिंदगी भागी चली जा रही है। हो सकता है, यह आपकी कहानी ना भी हो, लेकिन ज्यादातर लोगों के जीवन की यही कहानी है। दूसरी तरफ हम देखते हुए उन मुट्ठीभर लोगों को जो लाइफ मैनेजमेंट की कला जानते हैं, वे ही जिंदगी में सफलता के शिखर पर चमकते दिखते हैं, हम सोचते हैं, वे बहुत किस्मत वाले हैं, या भगवान से बरदान लेकर आए हैं, लेकिन हकीकत में उनकी सफलता का बड़े से बड़ा राज सिर्फ इतना है, कि उन्होंने जीवन प्रबंधन की कला सीखकर उसे आत्मसात कर लिया है। व्यवस्थित ढंग से जीवन को जीना, ताकि लाइफ में सबकुछ आपके हिसाब से हो और सही समय पर सही घटनाएं घटें।

यह कला कोई मां के पेट से सीखकर नहीं आता। लेकिन जीवन में संतुष्ट और सफल होने के लिए इसे सीखना बहुत जरूरी है। आप

अपने आसपास ही लोगों को दौड़ते-भागते और किसी तरह जिंदगी से तालमेल बनाने की जद्दोजहद में उलझा देखते हैं, सिर्फ इसलिये कि वे लाइफ मैनेजमेंट को कभी महत्व नहीं देते या फिर बेकार की चीज समझकर अनदेखा कर देते हैं। लेकिन इस उदाहरण से समझें कि जिस हाथी को कई आदमी मिलकर भी काबू में नहीं कर सकते वह हाथी एक छोटे से अंकुश से महावत के इशारों पर चलता है। बस यही रहस्य है जिंदगी और लाइफ मैनेमेंट की कला के बीच। यह जीवन के बेकाबू हाथी को वश में करने की कला है, इसलिये जरूरी भी है। अन्यथा लाखों लोग दुनिया में जिंदगी से लड़ते हुए जीते हैं, और अंत में पछताते हुए संसार से चले जाते हैं। यह आप तय करें कि आप किस तरफ खड़े हैं।

क्या आप तूफान में आराम से सो सकते हैं ?

एक समुद्र तट के किनारे एक किसान का बड़ा फार्म हाउस था। उस इलाके में आये दिन खतरनाक तूफान आते रहते थे। जिसकी वजह से वहां रहना और काम करना मुश्किल होता था। ऐसे में उस किसान को खयाल आया कि, क्यों ना एक अच्छा सा नौकर रख लिया जाए। जो तूफान आने पर उसकी मदद कर सके। उसने नौकर की खोज शुरू की तब उसके पास एक युवा आया। किसान ने जब उससे कामकाज के बारे में पूछा तो युवा ने इतना ही जबाब दिया कि, मैं इस तरह से काम करता हूं कि, जब तूफान आए तब भी मैं आराम से अपनी कोठरी में सो सकता हूं। किसान उसकी बात पूरी तरह समझा तो नहीं पर और कोई विकल्प नहीं होने के कारण उसने उस युवा को काम पर रख लिया। किसान के फार्म पर जावनवरों के बाड़े, मुर्गियों के दड़बे, घुड़साल और कुछ नावें भी थीं। उस युवक ने काम शुरू कर दिया और सबकी देखरेख करने लगा। एक रात अचानक भारी तूफान आया तो किसान की नींद टूटीं, हवाएं तेज थीं, और लहरें अपना जोर दिखा रहीं थीं, किसान को चिंता हुई तो उसने कहा कि पहले नौकर को तो देखूं, यहां तूफान आया हुआ है, और यह गायब है, वह नौकर को खोजने सबसे पहले उसकी कोठरी में पंहुचा, और देखा तो नौकर आराम से सोया हुआ है।

किसान को बहुत गुस्सा आया, और उसने नौकर को जगाकर कहा कि बाहर तूफान आया है, और तू यहां आराम से सो रहा है। मैं तुझे अभी नौकरी से निकालता हूं, युवा मुस्कुराया और अपना झोला उठाकर चल दिया। इस बीच किसान ने जब फार्म के अदंर जाकर देखा तो दंग रह गया। वहां जानवर ठीक अपनी जगह पर सुरक्षित बंधे से थे, मुर्गियां अपने दड़बे में थीं, नावों को मजबूती से बांधा गया था, और अनाज भी तिरपालों के अंदर सुरक्षित था, मतलब कोई नुकसान की गुजांइश ही नहीं थी। तब किसान को उस युवक की बात

याद आई कि जब तूफान आता हैं, तब मैं आराम से अपनी कोठरी में सो सकता हूं। दरअसल उसने तूफान का इंतजार किये बिना पहले ही सब तैयारी कर दी थी।

दरअसल यह युवा जीवन प्रबंधन की कला जानता था। हममें से ज्यादातर लोग आग लगने पर ही कुआं खोदने के बारे में सोचते हैं, यानि जब समस्या सिर के ऊपर आ जाए तब हम उपाय खोजने बैठते हैं, और शायद इसीलिये हम जीवन में कभी समस्याओं से बाहर नहीं निकल पाते, उसी के जाल में उलझे रह जाते हैं। मैं यह नहीं कहता कि लाइफ मैनेजमेंट ही सबकुछ है, लेकिन इतना तय है कि मुश्किलों से बाहर निकलने की कला, जीवन में सही दिशा खोजने की समझ और चुनौतियों को भांपकर उनका सामना करने और उनसे जीतने के सूत्र अगर आपकी पकड़ में आ जाएं तो आपके जीवन में ऐसा बदलाव होगा कि नतीजे देखकर दूसरे तो ठीक आप खुद भी चौंक जाएंगे।

दरअसल जिंदगी बहुत सारी चीजों का जोड़ है, किस मोड़ पर क्या हो कोई नहीं जानता। लेकिन आप अपनी जानकारी और सूझबूझ बढ़ाकर वेशक खुद को आने वाले जीवन के लिए तैयार कर सकते हैं। क्योंकि एक उलझन में फंसे आदमी और एक आत्मविश्वास से भरे आदमी के जीवन की कठिनाईयों का सामना करने के तरीके और नतीजे में जमीन आसमान का फर्क होता है, और लाइफ मैनेजमेंट और खुद को मोटीवेट रखने की यह कला जितनी कम उम्र में सीखी जा सके, आपके लिए उतने ही फायदे का सौदा साबित होगी। तो सबसे पहले इस बात को परखिये कि लाइफ मैनेजमेंट के मामले में आप अभी कहां खड़ें हैं, और कहीं कोई कमी नजर आती है, तो जुट जाईये उसे दूर करने में।

1

अमेरिका का डर और 3 दोस्तों की हिम्मत

एक काल्पनिक सवाल आपसे पूछता हूं। आपको एक ऐसे मिशन पर भेजा जाना है। जहां आपके वापस लौटकर आने की कोई गारंटी नहीं है। पूरी दुनिया इस मिशन को पागलपन कह रही है, दूसरों की बात तो छोड़िये जो आपको मिशन पर भेज रहा है, उसे भी भरोसा नहीं है, कि मिशन पूरा होगा और आप वापस लौटकर आएंगे। यह मिशन इतना रिस्की है, कि दुनिया की कोई बीमा कंपनी आपका बीमा करने को भी तैयार नहीं है। अब आप ऐसी स्थिति में क्या करेंगे। क्या आप इस मिशन पर जाने का रिस्क उठाएंगे या पीछे हट जाएंगे, और यह भी जान लीजिये कि अगर यह मिशन सफल होता है, तो आपका नाम इंसानों के इतिहास में सुनहरे अक्षरों में दर्ज हो जाएगा।

सरकार गारंटी लेने और कंपनियां बीमा करने को तैयार नहीं थीं

अब आइए साल 1969 में। अमेरिका के मिशन मून की तैयारी पूरी हो चुकी है। नील आर्मस्ट्रांग, बज एल्ड्रिन और माइकल कोलिंस को चांद पर जाने के लिए चुना जा चुका है। मिशन इतना रिस्की है, कि नासा और अमेरिका की सरकार को भी भरोसा नहीं कि ये तीनों सकुशल वापस लौटेंगे। अमेरिका की कोई बीमा कंपनी इनका बीमा करने को तैयार नहीं है, और पूरी दुनिया ने अमेरिका के इस महत्वकांक्षी मिशन को सनक और पागलपन कहा है। नील अपनी वायोग्राफी में लिखते हैं। हमारे ऊपर पूरी दुनिया की नजरें थीं, अब मिशन से पीछे हटने का सवाल ही नहीं था। हमें पता था हम क्या कर रहे थे, और हो सकता था, लौटकर धरती पर कभी

भी वापस ना आ पाएं।

इतिहास की सबसे बड़ी चुनौती सामने थी, और इन तीनों ने रिस्क उठाने का फैसला ले लिया। जब बीमा नहीं हो सका तो तीनों ने अपने कपड़ों से लेकर कई चीजों पर अपने साईन कर दिये। ताकि उनके ना रहने पर उनके परिवार के लोग इन चीजों को बेचकर घरों का खर्चा चला सकें, और 20 जुलाई 1969 वह ऐतिहासिक तारीख जब नील आर्मस्ट्रांग और बजएल्ड्रिन ने चांद पर उतरकर इतिहास रच दिया। यह तारीख दुनिया की मानवजाति के इतिहास में स्वर्ण अक्षरों में दर्ज है। क्योंकि चांद पर पहली बार मानव ने अपने कदम रखे।

MORAL OF THE STORY

बिना रिस्क लिये आप जीवन में कोई बड़ी सफलता हासिल नहीं कर सकते। दुर्गम कठिन और मुश्किल रास्तों पर चलकर ही कामयाबी का पत्थर गाडा जा सकता है। अगर इन तीनों ने चांद पर जाने का रिस्क नहीं उठाया होता, तो आज शायद हम और आप इनके नाम भी नहीं जानते होते।

2

करिश्माई लोग जो कहीं भी सेंटर ऑफ अट्रैक्शन बन जाते हैं

यकीनन आपके आसपास भी एक-दो ऐसे लोग होंगे जो जब कहीं भी पंहुचते हैं, तो बरबस ही सबका ध्यान उनकी तरफ चला जाता है। ये लोग आसानी से कहीं भी अपने लिए जगह बना लेते हैं, और किसी के भी साथ आसानी से घुलमिल जाते हैं। लर्निंग मैनेजमेंट में इन्हें करिश्माई लोग कहा जाता है। जो कहीं भी सेंटर ऑफ अट्रेक्शन बन जाते हैं, आप भी कभी ना कभी उनकी तरह बनने की सोचते तो हैं, लेकिन कैसे इसका जबाब कई बार नहीं मिलता। तो आईये आज लर्निंग मैनेजमेंट के इसी चैप्टर की बात करते हैं, इसके लिए आपको बस कुछ आदतों को अपनी पर्सनेलिटी में शामिल करना है। जो बहुत मुश्किल नहीं है, लेकिन इनका असर करिश्माई है। जानिये क्या करते करिश्माई लोग।

1- सेल्फकॉन्फिडेट-

सबसे पहला गुण इनसे सीखने जैसा है, वह है आत्म विश्वास। ये आत्मविश्वासी होते हैं।उनमें झिझक नहीं होती, वे जानते हैं, लोगों से कैसे लगातार बात करनी है। अजनबी से बात करने या पूछने में संकोच नहीं करते। जबकि ज्यादातर लोग इस मामले में संकोची होते हैं। आत्मविश्वास के साथ ही अपनी बात को स्पष्ट और सही तरीके से रखने की क्षमता इनमें होती है।

2- बॉडीलेंग्वेजकीजानकारी-

ऐसे लोगों को बॉडी लेंग्वेज की अच्छी जानकारी होती है। समझो आप किसी से पूछते हैं, कि आप कैसे हैं, जबाब में सामने वाला कहता है ठीक हैं। लेकिन तब गौर से देखिये क्या उसकी बॉडी लेंग्वेज उसके कहे गए शब्दों से मेल खा रही है या नहीं। करिश्माई लोग इस पर ध्यान देते हैं। इतना ही नहीं अगर आपका कोई दोस्त दुखी है, तो कब उसके कंधे पर हाथ रखने की जरूरत है, और कब उसे गले लगाना है,

यह भी अच्छी तरह जानते हैं। यानि संबधों में फिजिकल कॉन्टेक्ट को नजरअंदाज नहीं करते। जबकि अन्य लोग संकोच कर जाते हैं।

3- ह्यूमर-

करिश्माई लोगों का ह्यूमर कमाल का होता है, कब कहां क्या बोलना या कहां चुप रह जाना वे जानते हैं, कब जोक सुनाने की जरूरत है, और कब किसी को तसल्ली देनी है, इतना ही नहीं वे जानते हैं, किसी को सलाह देने की सही जगह और वक्त क्या है। जबकि दूसरे लोग बिना मौके को भांपे कहीं भी शुरू हो जाते हैं।

4- संबधबनाना-

किसी नये व्यक्ति से मेलजोल बढ़ाने में हम सभी को हिचक होती है, पर इनके साथ ऐसा नहीं है, ये शब्दों और सवाल पूछने की ताकत को जानते हैं। नये व्यक्ति से सवाल पूछकर ही ये उसके बारे में जानकारी जुटाते हैं। इससे इन्हें यह भी पता चल जाता है कि सामने वाले की कौन-कौन सी बाते हमसे मेल खाती हैं।

दरअसल सवाल पूछने से बातचीत का सिलसिला शुरू होता है। इससे दो लोगों के बीच में संबध मजबूत होते हैं। इतना ही नहीं ये ज्यादा से ज्यादा लोगों के नाम याद रखते हैं, क्योंकि बातचीत के समय जब आप किसी का नाम लेकर बात करते हैं, तो आपको सहज ही अंटेशन मिल जाता है।

3

रिलेशन मैनेजमेंट- क्या आपके पास हैं, ये तीन तरह के दोस्त

वैसे तो दोस्ती पर इतना कुछ कहा और लिखा जा चुका है, कि अलग से कुछ कहने की जरूरत नहीं। लेकिन जब हम मैनेजमेंट की भाषा में बात करते हैं, तो आप अपने दोस्तों को तीन कैटेगिरी में बांट सकते हैं। इन तीनों का नेचर अलग होता है, लेकिन तीनों आपके के लिए जरूरी है, इसलिये इस आर्टीकल को पढ़ने बाद सोचिये कि आपके पास ये तीन तरह के दोस्त हैं, या नहीं है, अगर हैं, तो इन्हें सहेजिये और अगर नहीं है, तो बनाने की कोशिश कीजिये। क्योंकि आपको जिंदगी में आगे बढ़ने के लिए इन तीनों की ही जरूरत पड़ेगी। तो आईये आज बात करते हैं, रिलेशनशिप मैनेजमेंट के तहत दोस्तों की।

1- पॉजीटिवफ्रेंड-

ये दोस्त खुद तो सकारात्मक सोच वाले होते ही हैं, आपको भी जीवन में आगे बढ़ने, अपने लक्ष्य तय करने और मंजिल ढूंढने के लिए प्रेरित करते रहते हैं। इनकी नजर हमेशा भविष्य पर होती है, ये सपने देखते हैं, और उनके सच होने में यकीन करते हैं। आपको भी हमेशा अच्छी सलाह देते हैं, और इनमें आपको निराश से भी उबार लेने की ताकत होती है। हालांकि इनका रास्ता साफ होता है, इसलिये ये कई बार प्रेक्टिल और थोड़े स्वार्थी भी हो सकते हैं। लेकिन इनका साथ आपके लिए जरूरी है।

2- इंस्टेंटफ्रेंड-

ये पूरी तरह से दुनियादार लोग हैं, इनका लक्ष्य भले ही साफ नहीं, लेकिन मौके पर यही काम आते हैं, क्योंकि यह बहुत ज्यादा सामाजिक और व्यवहारिक होते हैं, सबके दुख-सुख में साथ खड़े रहते हैं। कई बार ये भी आपको सिर्फ मौके पर ही याद करते हैं, कई बार खर्चा भी करवा देते हैं, तो कभी आपका समय भी लेते हैं, लेकिन

एक बात याद रखिये, जब भी आपको सबसे ज्यादा दोस्त की जरूरत होगी, तभी यही आपके काम आएगा।

3- फॉर्मलफ्रेंड-

ये तीसरी तरह के दोस्त हैं, जो आपके संपर्क में तो होते हैं, लेकिन आपके काम कभी शायद ही आते हैं, ये मिलते-जुलते हैं, बातें करते हैं, लेकिन आपकी मदद नहीं कर पाते। फिर भी इनसे बात करके आपका मन हलका हो जाता है, और आपको इनका साथ अच्छा लगता है। यह दोस्ती मिलने और बातों तक ही सीमित होती है। लेकिन फिर भी यह दोस्त भी आपके लिए जरूरी हैं। क्योंकि कुछ और हो ना हो लेकिन ये आपके मन को हल्का करने का काम जरूर करते हैं। लिहाजा आपके फ्रेंड सर्किल में ये तीनों तरह के दोस्त होने चाहिये

4

SVT से करें, जिंदगी की हर मुश्किल का सामना - कल्पना शक्ति का जादू

आमतौर पर सपने देखने वालों और कल्पनाओं में खोए रहने वाले लोगों को हमारे यहां शेख चिल्ली कहा जाता है, लेकिन आप शायद नहीं जानते कि, कल्पना शक्ति कितनी बड़ी ताकत है, और अगर इसका सही इस्तेमाल किया जाए, तो अपनी जिंदगी में इसके नतीजे देखकर आप भी हैरान रह जाएंगे।

Solve your all problems through SV technique

मैनेजमेंट की भाषा में इसे एसवीटी यानि सक्सेस विज़ुअलाइजेशन टेक्निक (success visualisation technique) कहा जाता है, यानि किसी भी चीज के जीवन में घटित होने से पहले उसकी कल्पना करके देखना। दरअसल यह पूरा खेल इंसान के अवचेतन यानि अनकॉन्शियस मांइड (unconscious mind) का है, अगर इसकी ताकत का सही उपयोग कल्पना में किया जाए, तो आप असंभव को संभव कर सकते हैं। आमतौर पर खिलाड़ी और बड़े विजनेस लीडर्स के साथ कई क्षेत्रों से जुड़े लोग इस तकनीक का उपयोग करके अपनी जीत पक्की करते हैं। आईये जानते हैं, एसवीटी के तीन चरण क्या हैं।

visualisation technique step 1-

लक्ष्यतयकरना- set your goal

समझो आपको अपनी किसी जरूरी मीटिंग को सफल बनाना है, या फिर किसी समस्या से बाहर निकलना है, तो यह आपका लक्ष्य या गोल हो गया। इसी तरह से परीक्षा में पास होना या नौकरी लगना भी किसी का लक्ष्य हो सकता है, इसके लिए गोल इसलिये जरूरी है, कि बिना लक्ष्य तय किये आप फोकस नहीं कर सकते तो सबसे पहले कल्पना शक्ति के उपयोग के लिए गोल सेट करना जरूरी है।

visualisation technique step 2-

टारगेटकोकागजपरनोटकरना- note down your target on paper

कल्पना शक्ति का दूसरा चरण है, अपने लक्ष्य या गोल को कागज पर लिख लेना। इसे लिखकर कई बार पढ़े, और हो सके तो रात को सोने से पहले तो जरूर इसे पढ़े। ताकि चेतन के साथ आपके अचेतन दिमाग तक यह संदेश साफ पंहुचे की आपका लक्ष्य आखिर क्या है।

visualisation technique step 3-

टारगेटकापिक्चराइजेशन- picturisation of target

यह तीसरा और सबसे अहम चरण है, जिसमें आपको उस काम या घटना के पहले उसे आंखें बंद करके कल्पना के माध्यम से साकार होते देखना है, मन और दिमाग की यह अदभुत शक्ति है, आप सोने पहले अपने लक्ष्य का सफल पिक्चराइजेशन होते देखिये। जैस मैं परीक्षा में पास हो गया और खुशी महसूस कर रहा हूं। किसी समस्या से बाहर आने के बाद राहत महसूस करते हुए खुद को देखिये। अपने विजनेस को ऊंचाई पर पंहुचते हुए देखिये।

Conclusion of motivational and problem solving

इसका फायदा यह है, कि यह प्रक्रिया आपके अवचेतन तक संदेश पंहुचा देती है, और विज्ञान भी इस बात को मानता है कि, आपके अवचेतन में पंहुचा विचार आपके जीवन में सच जरूर हो जाता है। यानि अपने लक्ष्य पर पंहुचने के बाद जैसी खुशी या शांति आप महसूस करेंगे, उसकी पहले ही कल्पना करनी है।

5

अकेलेपन से बचने खुद को इन तरीकों से करें तैयार - overcome loneliness

अकेलापन भारत ही नहीं बल्कि यूरोपीय देशों समेत पूरी दुनिया में नई महामारी का रूप धारण करता जा रहा है, लोग भीड़ में अकेले हो रहे हैं, और आंकड़े डराने वाले हैं। तेजी बढ़ते डिप्रेशन और आत्महत्या के आंकड़े बता रहे हैं, कि लोग कितने अकेले होते जा रहे हैं। हमारे देश में हर पांचवा व्यक्ति अकेलेपन की समस्या से जूझ रहा है।

1- आभासीदुनियासेबाहरआयें-

भागदौड़ भरी जिंदगी में इंसान के पास जिस चीज की सबसे ज्यादा कमी है, वह है, वक्त। एक तो पहले ही समय कम है, उस पर हमने खुद को अभासी दुनिया या डिजिटल वर्ल्ड तक ही सीमित कर लिया है, काम और पढ़ाई से जो भी वक्त बचता है, वह ज्यादातर लोग सोशल मीडिया पर बिता देते हैं, वास्तिकव दुनिया से हम तेजी से कट रहे हैं, संबध आजकल आभासी दुनिया पर निभा रहे हैं, यह जाहिर तौर पर अकेला बनाएगा। इसलिये जरूरी है, कि हम आभासी दुनिया से निकलकर वास्तिविक दुनिया में आएं, और लोगों के तथा समाज के संपर्क में रहें।

2- एक्टिविटीससेखुदकोजोड़े-

आजकल काम और पढ़ाई के सिलसिले में हजारों लोग अपने घरों से दूर रह रहे हैं, ऐसे में अकेलेपन का आभास होना स्वभाविक है, लेकिन इससे बचने का सरल तरीका यह है, कि आप रचनात्मकता से खुद को जोड़े। यानि समाज में अपनी सहभागिता बढ़ाएं। उदाहरण के लिए किसी संस्था से जुडऩा, वृद्‌वाश्रम या अनाथ आश्रम में जाना वहां लोगों से मिलना या फिर वर्क प्लेस और स्कूल कॉलेजों में

होने वाले आयोजनों में सहभागिता निभाना। आप जितने एक्टिव रहेंगे, अकेलपन का एहसास उतना कम होगा।

3- बढ़ाएंसामाजिकदायरा-

आजकल लोग स्वकेंद्रित और स्वार्थी हो गए हैं, सिर्फ अपने तक सीमित। लेकिन अकेलेपन से बचना है, तो सामाजिक होना जरूरी है, अपने मित्रों से लगातार संपर्क कायम रखें, समय-समय पर किसी ना किसी बहाने मिलते रहें।

पड़ोसियों से मेलजोल बनाकर रखें। नये लोगों से संपर्क बनाये उनसे मिलें। शोध कहते हैं, कि आप जितना बाहरी लोगों से बातें करते रहेंगे, उतने कम मानसिक तनाव में रहेंगे। रोज किसी बाहरी व्यक्ति से 10 मिनिट की बातचीत भी आपके तनाव को कम करती है, दूसरे अकेलापन महसूस होने पर यह संबध ही आपका सहारा बन जाते हैं।

4- किताबोंसेबढ़ाईयेदोस्ती-

कहते हैं, किताबें इंसान की सबसे अच्छी दोस्त हैं। अकेलेपन को दूर का करने का भी सफल उपाय पढने की आदत है, कई बार किताबों से लोगों को जिंदगी की आगे की राह मिल जाती है। कई सफल लोगों के जीवन संषर्घ पूरे जमाने के लिए उदाहरण हैं, इसलिये अकेलेपन से बचने के लिए पढने को आदत बनाईये। अच्छी किताबें हमेशा आपको मोटीवेट करने का काम करेंगीं।

5- कामोंमेंलाएंनयापन-

एक ही तरह का जीवन जीते-जीते और एक ही रूटीन में काम करते हुए किसी का भी बोर हो जाना लाजमी है। अब हम रोज काम तो बदल नहीं सकते। लेकिन रोज के कामों को तरीके बदलकर या उनमें कुछ चैंज करके जरूर नयापन ला सकते हैं, जैसे किसी दिन अपना लुक बदलकर, किसी दिन दूसरे रास्ते से ऑफिस या कॉलेज जाकर। अकेलेपन से बचने के लिए यह काम भी करते रहिये।

6

ANGER MANAGEMENT: गुस्सा भगाने के 4 सबसे आसान तरीके -

आमतौर पर कुछ लोगों के बारे में कहा जाता है कि, गुस्सा तो हमेशा उनकी नाक पर रखा रहता है। यकीनन आपके आसपास भी ऐसा कोई ना कोई जरूर होगा, जिसके गुस्से की आदत से लोग परेशान रहते होंगे, लेकिन अगर गौर से देखा जाए तो हम सभी थोड़े बहुत इस बीमारी से ग्रसित हैं, जरा मन का नहीं हुआ, या किसी ने कोई ऐसी बात कह या कर दी, जो हमें नागवार गुजरी और हमारा पारा चढ़ जाता है। गुस्सा सेहत के लिए तो नुकसानदेह होता ही है, क्योंकि किसी पर गुस्सा जताने के लिए आपके शरीर की 49 से ज्यादा मासपेशियों को मेहनत करनी पड़ती है, तनाव बढ़ता है, ब्लडप्रेशर हाई होता है, लेकिन इसके साथ ही कई बार हमारे गुस्से की वजह से बनते काम भी बिगड़ जाते हैं। इसीलिये हमारी संस्कृति में हमेशा मन और दिमाग को शांत रखने की सीख दी जाती है। तो आईये आज बात करते हैं, एंगर मैनेजमेंट या अपने गुस्से का प्रबंधन करने की। इन चार तरीखों से आप अपने गुस्से पर तत्काल काबू पाकर आने वाले नुकसान से बच सकते हैं।

1- मुट्ठीकोबांधेऔरछोड़े

वैसे देखा जाए तो गुस्सा करना कोई नहीं चाहता, लेकिन हमेशा परिस्थतियां हमारे मुताबिक नहीं होतीं, जिसकी वजह से गुस्सा आ ही जाता है, लेकिन अगर बार-बार गुस्सा आना आदत है, तो सतर्क होने की जरूरत है। जब कभी लगे कि, गुस्सा आपके ऊपर हावी होने को है, तो उस जगह से हट जाएं, और अलग जाकर अपने दोनों हाथों की मुट्ठियों को जोर से बांधें, चंद सेंकेंड़ बंद रखकर फिर खोल दें, ऐसा कम से कम दस बार करें, आपका गुस्सा जाता रहेगा, क्योंकि वह ताकत इस

प्रक्रिया में निकल जाएगी।

2-ईयरलोवकोदबाना

गुस्से को तुरंत कंट्रोल करने का सरल उपाय है, कि गुस्सा आते ही अपने दोनों कानों की ईयरलोव जिसे आम तौर पर ललरी कहा जाता है, को 10 से 20 बार दवांए। दरअसल इस जगह एक्यूप्रेशर प्वांइट होते हैं, इनके दबाने से पॉजीटिव एनर्जी तुरंत आपके मस्तिष्क में पंहुचना शुरू हो जाएगी, जो कि गुस्से को कंट्रोल करने का काम करेगी और आपको रिलैक्स महसूस होगा।

3- हथेलियोंकोरगडऩा

यह भी गुस्से को मैनेज करने का आसान तरीखा है, गुस्से के कारण जैसे ही दिमाग के उथल-पुथल महसूस होती है, तुरंत कोई प्रतिक्रिया देने की जगह आप अपने दोनों हाथों की हथेलियों को आपस में तेजी से रगडऩा शुरू करें,

इस दौरान अगर आंखें बंद रखें और भी अच्छा। यह भी एनर्जी को रिलीज करने का तरीखा है, इससे कुछ ही सेकेंड़ में आपका गुस्से का पारा नीचे आ जाएगा, और निगेटिव एनर्जी शरीर में रूककर नुकसान भी नहीं करेगी।

4-गहरीसांसलेना

गहरी सांस के जरिये भी अपने गुस्से को कंट्रोल किया जा सकता है। जब कभी गुस्सा सताये धीमे-धीमे गहरी सांस अंदर लीजिये और फिर धीरे-धीरे बाहर छोडिय़े। 10 से 20 बार गहरी सांस लेने से भी आपका गुस्सा काफी हद तक शांत हो जाएगा। इसके साथ ही हमेशा धैर्य के साथ दूसरे की बात को सुनें और तुंरत प्रतिक्रिया देने से बचें, पहलें जान लें कि आखिर आपके गुस्से की असली वजह है, क्या और वह कितनी सही है।

7

80% न्यू ईयर रिजॉल्यूशन्स फरवरी में क्यों टूट जाते हैं, ध्यान से पढ़िए GOAL MANAGEMENT

कुछ ही दिन पहले नया साल शुरू हुआ है, यकीनन आपने भी जोश में आकर न्यू ईयर के मौके पर कोई ना कोई रिजॉल्यूशन यानि संकल्प जरूर लिया होगा लेकिन आपको जानकर शायद अच्छा ना लगे, कि पूरी दुनिया में 80 फीसदी न्यू ईयर रिजॉल्यूशन्स फरवरी यानि साल का दूसरा महीना आते-आते टूट जाते हैं, और आखिर में लोग कह देते हैं, कि गुरू हमसे ना हो पाएगा।

इस आर्टिकल का मकसद आपको कतई हतोत्साहित करना नहीं है, ना ही आपका मनोबल गिराने का है, लेकिन सवाल यह पैदा होता है, आखिर ऐसा होता क्यों है, क्यों लोग अपने न्यू ईयर रिजॉल्यूशन्स पर कायम नहीं रह पाते। शोध कहते हैं, कि फरवरी का दूसरा हफ्ता आने तक ज्यादातर लोगों के संकल्प टूट चुके होते हैं। ऐसा क्यों होता है, जानिये गोल मैनेजमेंट के इस सबक में।

1- मॉटिवकीकमी

नया साल आते ही लोगों के अंदर कुछ करने का जोश पैदा होता है, कोई वजऩ घटाने, कोई पढ़ाई करने, कोई पैसे बचाने तो कोई नौकरी और बिजनेस को लेकर कई तरह के न्यू ईयर रिजॉल्यूशन्स लोग लेने लगते हैं, लेकिन सफल इसलिये नहीं होते, क्योंकि आपको यह तो पता है, कि आपको क्या चाहिये, लेकिन यह पता नहीं होता कि, क्यों चाहिये। यानि मॉटिव या उद् येश्य साफ नहीं होता। जैसे कि, आप वज़न कम करना चाहते हैं, तो क्यों करना चाहते हैं, अच्छा दिखने के लिए, बच्चों के सामने उदाहरण पेश करने के लिए या फिर किसलिए। ऐसा ही हर संकल्प के साथ है, अगर न्यू ईयर रिजॉल्यूशन्स के पीछे आपका लक्ष्य साफ नहीं है, कि आप क्या चाहत हैं, और क्यों चाहते हैं, तो आपका संकल्प ज्यादा दिन नहीं टिक

पाएगा।

2- मोटीवेशन की कमी

ज्यादातर लोगों के न्यू ईयर रिजॉल्यूशन्स दूसरों को देखकर बनते हैं, कुछ लोग फैशन की तरह न्यू ईयर रिजॉल्यूशन्स ले लेते हैं, लेकिन जब अमल की बात आती है, तो परेशान हो जाते हैं, क्योंकि इसके पीछे मोटीवेशन की कमी होती है। दरअसल लोग सोचते तो ज्यादा है, लेकिन मेहनत नहीं करना चाहते।

कई लोग बदलाव के साथ तालमेल नहीं बिठा पाते, क्योंकि अपने रिजॉल्यूशन के लिए वे मोटीवेट नहीं होते, और बिना मोटीवेशन के कोई संकल्प पूरा नहीं हो सकता।

3- मॉरल की कमी

न्यू ईयर रिजॉल्यूशन्स के फेल होने के पीछे एक बड़ा कारण मॉरल की कमी भी है, हम सभी शार्टकट जिंदगी जीने के आदि हो गए हैं, इस दौर में अपने प्रति भी ईमानदारी कम हुई है, सच यह है, कि निगेटिव सोच के साथ कोई पॉजीटिव काम नहीं कर सकता। लोग बहुत तेजी से खुद को बदलना चाहते हैं, लेकिन बदलाव को एंजाए नहीं करते, कभी सपोर्ट ना मिलने की शिकायत करते हैं। लेकिन न्यू ईयर रिजॉल्यूशन्स पूरा करने के लिए आपको खुद के साथ ईमानदार होने की जरूरत है।

8

HABIT MANAGEMENT - स्ट्रेस बस्टर और रिलैक्स थैरेपी से कम नहीं अजीब आदतें

आदतें कमाल की होतीं हैं, कई बार यह आपकी पर्सनेलिटी को बनाती हैं, तो कई बार बिगाड़ भी देती हैं। लेकिन एक बात तय है कि, हम सभी किसी ना किसी ऐसी आदत के शिकार होते हैं, जो शायद दूसरों के लिए अजीब हो। लेकिन चिंता की बात नहीं क्योंकि कई बार आपकी कोई अजीब आदत भी आपके लिए स्ट्रेस बस्टर या फिर रिलैक्स थैरेपी का काम कर सकती है।

दुनिया में ऐसा नामी लोगों के साथ हुआ है, होता है। हो सकता है, किसी अजीब आदत की वजह से आपको कोई जीनीयस आइडिया आ जाए या फिर आपको तनाव कम करने में मदद मिले। तो आपको भी कोई अजीब आदत हो ता परेशान ना हों क्योंकि उलझी हुई जिंदगी में अजीब आदतें भी काम की हो सकतीं हैं। अगर यकीन नहीं आता तो जानिये कुछ ऐसे ही नामी लोगों की अजीब आदतों के बारे में।

1- योशिरोकोपानीकेअंदरआतेहैं, जीनियसआइडिया

फ्लॉपी डिस्क समेत 3 हजार से ज्यादा खोजें कर चुके जपान के मशहूर वैज्ञानिक योशिरो नाकातात्सु का नाम दुनिया में कौन नहीं जानता, लेकिन आपको यह सुनकर हैरत होगी, कि उन्हे अपनी खोजों के संबध में ज्यादातर जीनियस आइडिया पानी के अंदर रहकर ही आते हैं। यह आदत अजीब है, लेकिन योशिरो कहते हैं, कि पानी में डाइव करना और जान जोखिम में डालना मेरे लिए जरूरी है, क्योंकि जब मौत सामने होती है, तभी मुझे अच्छे आइडिया आते हैं।

2-शरीरकोकारकहतेथे, हैनरी

दुनिया के मशहूर ब्रांड फोर्ड के मालिक हैनरी फोर्ड को लगता था, कि शरीर दरअसल एक कार ही है। जिसे टाइम टू टाइम सर्विसंग और फ्यूल की जरूरत होती है। उनकी इसी सोच और आदत की वजह से उनके खाने में सलाद और सब्जियों के साथ ही खरपतवार भी होती थी। हैनरी कहते थे, जैसे आप अपनी कार का खयाल रखते हैं, वैसे ही शरीर का भी रखना चाहिये।

3- बिलगेट्सकोकुर्सीपरझूलनेकाशौक

इस कड़ी में तीसरी नामी हस्ती हैं, बिल गेट्स। अपनी कुर्सी पर बैठकर झूलते रहना इनकी पंसदीदा आदत है। यह आदत उन्हें कॉलेज के दिनों से ही है। वे चाहे बेचैन हों या फिर रिलैक्स कुर्सी पर झूलना उन्हें पंसद है। बिल कॉलेज के दिनों में अपने होस्टल के रूम में प्रोग्रामिंग के अपने थका देने वाले प्रयोगों के दौरान खुद को ऐसे ही रिलैक्स करते रहते थे।

4- लिफ्टकासबसेनिचलाबटननहींदबातेट्रंप

दुनिया के सबसे ताकतवर देश अमेरिका के राष्ट्रपति डोनाल्ड ट्रंप भी अजीब आदतों के शिकार हैं। ट्रंप कभी भी लिफ्ट का सबसे नीचे वाला बटन नहीं दबाते हैं। क्योंकि इसका खुलासा उन्होंने कभी नहीं किया। उनकी दूसरी आदत यह है, कि वे बिना अपना हैंड़ सैनेटाइजर लिये कहीं भी बाहर नहीं निकलते। ट्रंप दुनिया में कहीं भी अपने हैंड़ सैनेटाइजर को साथ लिये बिना नहीं जाते हैं।

9

दोस्त, संगीत, फूल और व्यायाम आपकी लाइफ में क्या-क्या बदल सकते हैं, ध्यान से पढ़िए - HAPPINESS MANAGEMENT

पूरी दुनिया में इंसान खुशी रहने के लिए क्या-क्या नहीं करता, लोग हजारों-लाखों रूपये खर्च करके पता नहीं कहां-कहां खुशीयां तलाशते फिरते हैं, लेकिन सच्चाई यह है, कि जो अंदर से खुश नहीं वह दुनिया में कहीं भी जाकर खुश नहीं हो सकता। दरअसल खुशी हमारे आसपास ही होती है, लेकिन जीवन की भागदौड़ के बीच हम उसे देख ही नहीं पाते। जैसे कि, संगीत, फूलों की खुशबू, दोस्त और कसरत जैसे कई काम हैं, जो तुरंत आपको खुशी देते हैं, और यह बात शोधों ने भी प्रमाणित की है, तो यह जरूरी नहीं है कि, हर बार आपको खुश होने के लिए पैसे ही खर्च करने की जरूरत हो। आईये जानते हैं, हैप्पीनेस मैनेजमेंट के चार सरल और आसान सूत्र।

1- दोस्त ईश्वर का उपहार है, नेचुरल हैप्पीनेस देते हैं

हलेन केलर ने क्या खूब कहा है कि, रोशनी से भरे रास्ते पर अकेले चलने से कहीं बेहतर है, अंधेरे रास्ते पर एक दोस्त के साथ चलना। ब्रिटिश मेडीकल जर्नल की रिपोर्ट के मुताबिक अगर आपका करीबी दोस्त खुश है, तो आपकी खुशी में अपने आप इजाफा होता है, इतना ही नहीं किसी खास दोस्त से मिलते ही आपके तनाव का लेवल 50 फीसदी तक गिरता है, और दिगाम खुशी महसूस करने वाले हार्मोंस रिलीज करता है। यानि दोस्त ईश्वर का उपहार है, अगर आपके पास अच्छे दोस्त हैं, तो आप दूसरों से ज्यादा खुश हैं।

2- संगीत सबसे कारगर स्ट्रेस बस्टर है

प्लेटो का कहना है कि, संगीत दिमाग को पंख और कल्पनाओं को उड़ान देता है। जनरल ऑफ पॉजीटिव सायकोलॉजी का शोध कहता है, कि तेज वीट संगीत सुनने वाले लोग खुद को पॉजीटिव मूड में रखने में ज्यादा सक्षम होते हैं। दरअसल

संगीत सबसे कारगर स्ट्रेस बस्टर है। यह आपके अंदर खुशी बढ़ाने वाले हार्मोन को सक्रिय करता है।

3- फूलकीखुशबुलोगोंकोदयावानबनातीहै

दलाई लामा मानते हैं, कि जीवन का उद्देश्य खुशहाल रहना है। फ्लोरेडा यूनिवर्सिटी की रिपोर्ट कहती है कि, फूलों की खुशबू का हर इंसान की भावनाओं पर अच्छा असर होता है। प्रकृति की रचना इंसान को खुशी देती है, इतना ही नहीं बल्कि यह दूसरे के लिए कुछ करने की भावना भी इंसान के अंदर पैदा करती है।

4- कसरतकरनेसेफीलगुडकैमिकलज्यादामात्रामेंरिलीजहोतेहैं

मशहूर दार्शनिक फ्रेडरिक नित्शे का मानना था कि, गहरे दर्शन से ज्यादा ज्ञान इंसान के शरीर में है, इसलिये इसे स्वस्थ्य रखना जरूरी है। रोजना सिर्फ 20 मिनिट की कसरत आपको फिट के साथ ही खुश भी बना सकती है। सेल्फ मैग्जीन की रिपोर्ट कहती है, कि कसरत करने के दौरान आपके शरीर में फील गुड कैमिकल ज्यादा मात्रा में रिलीज होते हैं, जो इंसान को ज्यादा खुशहाल बनाते हैं।

10

NAP MANAGEMENT- आपके लिए बड़े काम की चीज है, आज ही ट्राई कीजिए

दिन की झपकी वैसे तो कई लोगों की आदत होती है, लेकिन यह कम ही लोग जानते हैं, कि दिन में ली गई छोटी सी नैप यानि झपकी आपकी लाइफ के लिए काफी यूज़फुल हो सकती है। दरअसल शोध कहते हैं, कि दिन में कुछ देर के लिए ली गई नींद आपकी याददाश्त बढ़ाने से लेकर दिल को हेल्दी रखने तक की ताकत रखती है। पूरी दुनिया में लोग आमतौर पर 6 मिनिट से लेकर 90 मिनिट तक की नैप लेते हैं। तो आइए आज बात करते हैं, इससे होने वाले फायदों की।

20 मिनिट की NAP सबसे प्रभावी, छात्रों के दिमागी विकास के लिए

करीब 20 मिनिट के लिए झपकी लेना सबसे अच्छा माना जाता है, क्योंकि इससे आपके शरीर को पर्याप्त आराम मिल जाता है, यह आपको ऊर्जा से भर देती है, फिर आपको पूरे दिन आलस का सामना नहीं करना पड़ता। छात्रों पर इस नैप को लेकर किये गए प्रयोग के बाद वैज्ञानिकों ने पाया कि, इससे उनकी अलर्टनेस बढ़ी और उनका दिमागी विकास भी तेज हुआ।

6 मिनिट की नैप भी पर्याप्त, मेमोरी पावर बढ़ाने का काम करती है

वैसे शोध 6 मिनिट की छोटी नैप को भी आराम के लिहाज से परफेक्ट मानते हैं, लेकिन यह तभी कारगर साबित होती है, जब आपने रात को ठीक से अपनी पूरी नींद (लगभग 8 घंटे) ली है। 6 मिनिट की नैप मेमोरी पॉवर को बढ़ाने का काम करती है। लेकिन यह नाइट रेस्ट का स्थान नहीं ले सकती।

60 मिनिट की नैप नुकसानदायक भी हो सकती है

अगर आप दिन में अपने टाइम टेबल के अनुसार एक घंटे की झपकी लेते हैं, तो यह आपके याददाश्त से जुड़े टास्क को पूरा करने में मददगार साबित हो सकती

है।

लेकिन अमेरिकन एकेडमी ऑफ स्पील मेडीसिन के शोधकर्ताओं के मुताबिक कई बार लंबी नैप सुस्ती ला देती है, और आपके आगे के कामों को प्रभावित भी करती है

45 मिनिटकीनैपस्ट्रेससेपीड़ितमरीजोंकेलिएफायदेमंद

हावर्ड मेडीकल स्कूल के डॉ रसेल का कहना है कि, 2008 में हुए एक शोध के अनुसार पौने घंटे की नैप स्ट्रेस के शिकार मरीजों के लिए फायदेमंद होती है। इससे ब्लडप्रेशर को कंट्रोल करने में मदद मिलती है।

90 मिनिटकीनैपपूरीकरतीहै, स्लीपसायकिल

आमतौर पर लोगों की रात की स्लीप सायकिल 4 से 6 घंटे की होती है। ऐसे में दिन में 90 मिनिट की नैप रात की स्लीप सायकिल के बराबर ही उपयोगी मानी जाती है। अधिकांश लोगों की स्लीप सायकिल 90 मिनिट के पेटर्न पर चलती है, इसलिये विज्ञान 90 मिनिट की नींद को उपयोगी मानता है। लेकिन सभी नींद विशेषज्ञ इस बात पर सहमत हैं, कि दिन के समय लंबी नींद नहीं लेनी चाहिये, बल्कि इससे बचना चाहिये।

11

TALK MANAGEMENT- लोगों को पहचानने का सबसे आसान तरीका, सिर्फ 3 बातें

शोध कहते हैं, जब आप किसी से बात कर रहे होते हैं, तब तीन चीजें बड़े काम की होती हैं, अगर इन तीन चीजों पर गौर किया जाए तो आप आसानी से किसी भी व्यक्ति की परख कर सकते हैं, कि वह कैसा है। टॉक मैनेजमेंट की थोड़ी सी जानकारी आपको लोगों की बेहतर पहचान करने में काफी मदद कर सकती है।

कैसेपताकरेंकिअंजानव्यक्तिअच्छाहैयानहीं

अक्सर किसी ना किसी बहाने हमारा लोगों से मिलना जुलना होता ही रहता है, ऐसे में कई बार किसी से बात करके आप भी उलझन में फंस जाते हैं, कि यह आदमी सही है, या गलत। इससे आगे संपर्क रखना ठीक होगा या नहीं। कई बार सही आंकलन नहीं कर पाने की वजह से आप किसी को ठीक से समझ ही नहीं पाते, कई बार यह तय नहीं कर पाते हैं, कि आखिर इस आदमी से डील कैसे किया जाए। तो आईये आज बात करते हैं, टॉक मैनेजमेंट की बुनियादी बातों की जो आपके लिए भी शायद किसी मौके पर मददगार साबित हो जाएं।

व्यक्तिकोपहचाननेकेलिएइनतीनबातोंपरगौरकरें

विशेषज्ञ कहते हैं, कि बातचीत के दौरान तीन बातें किसी के भी बारे में पूरी कहानी बयान कर देतीं हैं। पहली उसके द्वारा इस्तेमाल किये जा रहे शब्द, दूसरा उसकी बॉडी लैंग्वेज और तीसरी उसकी टोन। बातचीत में करीब 55% हिस्सा व्यक्ति की बॉडी लैंग्वेज का होता है, जो उसके बारे

अक्सर किसी ना किसी बहाने हमारा लोगों से मिलना जुलना होता ही रहता है, ऐसे में कई बार किसी से बात करके आप भी उलझन में फंस जाते हैं, कि यह आदमी सही है, या गलत। इससे आगे संपर्क रखना ठीक होगा या नहीं। कई बार

सही आंकलन नहीं कर पाने की वजह से आप किसी को ठीक से समझ ही नहीं पाते, कई बार यह तय नहीं कर पाते हैं, कि आखिर इस आदमी से डील कैसे किया जाए।

तो आईये बात करते हैं, टॉक मैनेजमेंट की बुनियादी बातों की जो आपके लिए भी शायद किसी मौके पर मददगार साबित हो जाएं।

व्यक्तिकोपहचाननेकेलिएइनतीनबातोंपरगौरकरें

विशेषज्ञ कहते हैं, कि बातचीत के दौरान तीन बातें किसी के भी बारे में पूरी कहानी बयान कर देतीं हैं। पहली उसके द्वारा इस्तेमाल किये जा रहे शब्द, दूसरा उसकी बॉडी लैंग्वेज और तीसरी उसकी टोन। बातचीत में करीब 55% हिस्सा व्यक्ति की बॉडी लैंग्वेज का होता है, जो उसके बारे में काफी कुछ कहता है। 15% हिस्सेदारी शब्द निभाते हैं, और 30 फीसदी असर उसकी टोन का होता है।

यानि व्यक्ति क्या कह रहा है, किस अंदाज में कह रहा है, उसके शब्द क्या हैं, और वह बोलते समय उसकी बॉडी लैंग्वेज क्या कह रही है। मतलब उसके हावभाव उसके शब्दों का साथ दे रहे हैं, या नहीं। लोगों को समझने के लिए इन तीनों चीजों पर ध्यान देना जरूरी होता है। बार-बार प्रेक्टिस करने से यह आदत आपके अंदर विकसित हो सकती है, और आप लोगों को ऑवर्जव करना सीख जाएंगे।

कपड़ोंऔरचलनेकेतरीकेसेव्यक्तिकेस्वभावकीपहचान

अगर आप किसी के पहनावे और उसके चलने के ढंग़ को भी गौर से देखें तो उसके बारे में काफी कुछ अंदाजा लगा सकते हैं। जैसे हमेशा सूटबूट में दिखता है, इसका मतलब वह एक एम्बिशीयस इंसान है। इसी तरह अगर कोई जींस और टीशर्ट पहनता है, इसका मतलब वह कम्फर्ट और कैजुअल है। कोई अंगूठीयां और ताबीज पहनकर घूमता है, तो इसका मतलब है कि वह धार्मिक स्वभाव का है। इसी तरह से जो लोग सिर को ऊंचा करके चलते हैं, उन्हें आत्मविश्वासी समझा जाता है। जबकि डगमगाकर या संकोच के साथ चलने वालों में आत्मविश्वास की कमी मानी जाती है। इसी तरह से सीना बाहर निकालकर और अकडक़र चलने वाले लोगों को ईगोइस्ट और दिखावा पंसद माना जाता है।

जिससेबातचीतकरेंउसकीभावनाओंपरभीध्यानदें

जब भी आप किसी से बातचीत कर चुके होते हैं, आपका मन उस सख्श के बारे में आपको कुछ ना कुछ इंट्यूशन जरूर देता है। किसी की पहचान का यह वह तरीखा है, जो लॉजिक से बाहर होता है, या जिसे देखा नहीं जा सकता। लेकिन किसी से मिलने के बाद आपका मन उसके बारे में क्या कहता है, इस पर ध्यान देना बहुत जरूरी है।

किसी से मिलने या बातचीत के बाद आपके मन में क्या भाव पैदा हुआ उत्साह, निराशा या डर इस हमेशा ध्यान दीजिये। क्योंकि आप बाहरी आंखों से जो नहीं देख सकते वह आपका मन महसूस करता है, और आपको सटीक आभास देता है। यही वजह होती है, कि ज्यादातर लोग कुछ लोगों से बार-बार मिलना चाहते हैं, वे उन्हें पंसद होते हैं, लेकिन कुछ लोगों से नहीं।

12

ड्रीम मैनेजमेंट इंटनर्ल थैरेपिस्ट की तरह गहरी नींद और सपने दोनों कामयाबी दिलाते हैं -

अक्सर लोग अपनी नींद और सपनों को लेकर लापरवाह होते हैं, लेकिन कम ही लोगों को पता है, कि अच्छी गहरी नींद और सपनों का आपकी सेहत के साथ ही जीवन में आपकी कामयाबी से भी गहरा नाता होता है। दरअसल कुदरत की बनाई कोई भी चीज बेकार नहीं है, इंसान उसकी कद्र करे या नहीं यह बिल्कुल दूसरी बात है। गहरी नींद पर हम फिर कभी बात करेंगे, लेकिन आज बात ड्रीम मैनेजमेंट के सबसे अहम हिस्से सपनों की। दरअसल सपने सिर्फ नींद में समय बिताने का साधन नहीं है, ये आपको प्रेरणा, ताकत और डर पर काबू पाने के साथ ही तनाव दूर करने तक की ताकत दे सकते हैं। तो आईये बात करते हैं, सपनों की ताकत की।

डरोंपरकाबूपानेमेंमददगार

शोध कहते हैं, कि अकसर लोगों के अंदर जो डर छिपे रहते हैं, वे अपने सपनों में उन्हीं डरों को अलग-अलग रूप में देखते हैं, लेकिन असल में यह कुदरत की आपको उस खतरे के लिए तैयार करने की प्रणाली है, ऐसा इसलिये होता है, ताकि वास्तव में जब कभी आपका उस डर से सामना हो तो आपको सर्वाइव करने में दिक्कत ना हो क्यों कि अपने सपने में आप कई बार उस डर का सामना कर चुके होते हैं। इस तरह से सपने आपको आपके डर से बाहर निकालने में मददगार होते हैं।

तनावदूरकरतेहैं

प्रोफेसर कर्टराइट ने अपनी रिर्सच में साबित किया है, कि नींद के दौरान सपने देखने से आपका तनाव कम होता है। यह आपको पिछली भावनाओं के साथ दोबारा जोड़ते हैं, जिससे आपको मानसिक शांति मिलती है, इस तरह देखा जाए तो सपने आपके तनावों के लिए इंटर्नल थैरेपिस्ट की भूमिका निभाते हैं।

परिस्थितियोंकासामनाकरनासिखातेहैं

फिलिकल के साथ ही आपके सपने आपकी इमोशनल हेल्थ पर भी गहरा असर डालते हैं। मोहकैमसिन का कहना है कि, लोगों पर की गई रिसर्च में उन्होंने पाया कि कई लोगों को अपनी मुश्किल परिस्थतियों से बाहर निकलने में सपनों से बहुत मदद मिली। शोध में पता चला कि कुछ ट्राइव्स सपनों के जरिये ही अपनी मुश्किल परिस्थतियों का सामना कर पाए।

रचनात्मप्रेरणाभीदेतेहैं, सपने

दुनिया में ऐसे कई कलाकार हैं, जो सपने देखकर ही अपने बेहतर काम के लिए प्रेरित हुए हैं, पॉल मैकार्टनी का कहना था कि, 1965 में उन्हें अपने फेमस गाने येस्टरडे की धुन सपने में ही सुनाई दी थी, यानि सपने सिर्फ आपको भावनात्मक तल पर ही मजबूती नहीं देते बल्कि कई बार रचनात्मक प्रेरणा देने का काम भी करते हैं।

13

जब ठहर जाए कॅरियर तो खुद से पूछे ये 3 सवाल –

अच्छा कॅरियर हर किसी की चाह होता है, लेकिन हमेशा आपके कैरियर में एक वक्त ऐसा आता है, जहां जाकर आप रूक जाते हैं, और तब सवाल मन में उठता है, कि अब आगे क्या? और यही वह समय होता है, जबकि आप खुद से पूछते हैं, कि अब तक क्या किया, क्या जहां पहुंचना था, वहां पंहुचे आप।

तो अगर कॅरियर के किसी पड़ाव पर आप भी कॅरियर को लेकर ऐसी किसी उलझन में हैं, तो आप खुद से ये 3 सवाल पूछ सकते हैं, और जीवन में अपने रास्ते पर आगे बढ़ सकते हैं। कई बार एक ही तरह का काम करते हुए उस काम को करने को जोश और उत्साह खत्म होने लगता है। काम में नीरसता आ जाती है, ऐसा कई लोगों के साथ हो रहा है, कि वे बिना मन के अपना काम कर रहे हैं, यह स्थिति आपका काम तो जारी रख सकती है, लेकिन सफलता की राह पर आगे नहीं ले जा सकती।

पहलासवाल-इस वक्त आप जिस जगह पर हैं, वहां आपके सामने आगे तरक्की का अवसर क्या है। क्या कोई ऐसा पद या जगह है, जो कि, आपके कॅरियर के लिहाज से ज्यादा फायदेमंद हो सकता है। या फिर किसी दूसरे डिर्पाटमेंट कोई ऐसी जगह है, जहां आपको आगे बढने के लिए पंहुचना जरूरी है। अगर इनका जबाब ना में है, तो फिर समझ जाईये कि यह समय जॉब को बदलने का है, आपको इससे बेहतर काम की तलाश में जुट जाना चाहिये।

दूसरासवाल-कॅ रियर में ठहराव के दौरान खुद से दूसरा सवाल यह पूछें कि, क्या मुझे वर्तमान जगह पर वह सम्मान मिल रहा है, जिसका मैं हकदार हूं। अगर आप भी आपको आपके संस्थान में उसी तरह देखा जाता है, जहां आप कुछ साल पहले थे, या फिर उसी तरह से आपकी राय को सुना जाता है, जैसे कुछ सालों पहले

सुना जाता था, तो इसका मतलब है, कि आपका कॅरियर और कद दोनों स्थिर हो गए हैं। ऐसे में बदलाव को अपनाना ही समझदारी है। यह समय आगे बढ़ जाने का है।

तीसरासवाल-इस मामले में तीसरा सवाल है कि, क्या मैं कुछ नया सीख रहा हूं। दुनिया में स्किल बहुत तेजी से बढ़ रही है, वही लोग टिके रह सकते हैं, जो अपडेट हों, तो खुद से यह सवाल जरूर पूछिये अगर अपने जॉब में कुछ नया सीख रहे हैं, जिससे आगे बढ़ने की राह आसान हो तब तो ठीक है, लेकिन अगर ऐसा नहीं हो रहा है, तो फिर आपको इसके लिए रास्ता निकालना होगा, अगर आपके मौजूदा काम में आपके लिए चुनौतियां खत्म हो गई हैं, तो इस वजह से आपको अपने काम में एक तरह की नीरसता का आभास होता रहेगा। ऐसे में नई चुनौतियां लेना ज्यादा बेहतर है। यानि वक्त है, वदलाव का।

14

समस्या से सफलता की तरफ जाना है तो लाइफ में सिर्फ एक चेंज कीजिए

दुनिया में दो तरह के लोग हैं, पहले जिनके पास बहुत समय है, और दूसरे जिनके पास बिल्कुल भी समय नहीं रहता। ज्यादातर लोग इन्हीं दो कैटेगिरी में बंटे हुए हैं। लेकिन मैं यहां बात कर रहा हूं, तीसरे तरह के लोगों की जिनके पास जितना काम होता है, उतना वक्त भी होता है। इन्हीं को हम आम बोलचाल की भाषा में सफल कहते हैं।

1-हरदिनकेलिएवर्कलिस्ट

डे-प्लान का सीधा सा मतलब है, कि आपको पता है, कि आपको आज के दिन क्या-क्या काम करने हैं, क्या ज्यादा जरूरी है, और क्या गैरजरूरी। सवाल यह है, कि इसकी शुरूआत कैसे हो। सीधा सा उपाय है, हर दिन सोने से पहले या सुबह जल्दी उठकर दिनभर के कामों की लिस्ट तैयार करें। प्राथमिकता वाले कामों को सबसे ऊपर रखें। कोई काम बड़ा है, तो हर दिन के हिसाब से छोटे हिस्सों में बांट लें। कोशिश करें, कि आपके दिन की शुरूआत सुबह जल्दी हो, ताकि पर्याप्त वक्त रहे। यह वर्क लिस्ट हर दिन नियम से बनायें। इससे आपको यह भी पता चलेगा कि आपने एक दिन या सप्ताह में कितना काम निपटा लिया है।

2-सबसेपहलेमुश्किलकाम

इंसान के पास कामों की कमी नहीं होती,घर के, बाहर के, ऑफिस के तमाम काम होते हैं, इसलिये शुरूआत में थोड़ी परेशानी होगी। लेकिन चिंता ना लें, कोशिश करते रहें, धीरे-धीरे आप सिस्टम बनाना सीख जाएंगे। सूची में सबसे पहले कठिन कामों को रखें। क्योंकि ये काम आपका दिमाग उलझाते हैं। अगर आप पहले कठिन काम निपटा लेंगे, तो दिमाग पर बोझ भी कम होगा और बाकी

के काम दिनभर में आसानी से हो जांएगे।

3-रोज दें खुद को नंबर

हो सकता है, शुरू में यह काम आपको बोरिंग लगे, क्योंकि बिना सिस्टम वाली पुरानी आदत आसानी से नहीं छूटती, तो इसका रोचक रास्ता यह है, कि हर दिन की वर्क लिस्ट के काम निपटाने के लिए खुद को नंबर दें।

उदाहरण के लिए आपने पूरे डे-प्लान के लिए 10 नंबर खुद को देना तय किये हैं। अब रात को दिनभर का काम निपटाने के बाद खुद तय करें, कि आज आपके कामों के हिसाब से आपको 10 में से कितने नंबर मिलने चाहिये। हो सकता है, शुरू में स्कोर अच्छा ना हो, तो निराश ना हो और अच्छी कोशिश करें। और हां खुद को नंबर देने में भी ईमानदार रहें। जिस दिन आप खुद को दस में दस नंबर देने की स्थिति में आ जाएंगे, उस दिन अपने जीवन में बदलाव और गति को आप खुद महसूस कर सकेंगे।

4-बड़ी योजना के लिए अलग प्लान

रोजमर्रा की भागदौड़ के बीच भविष्य की योजनाओं पर काम करना भी जरूरी है, लिहाजा अपने डे प्लान में अपनी बड़ी और भविष्य की योजनाओं को भी शामिल करना नहीं भूलें। ये ऐसे काम हैं, जो एक दिन में नहीं होते लंबा वक्त लगता है, इसलिये हर दिन के डे-प्लान में आपकी भविष्य की योजनाओं से जुड़े छोटे कदम भी शामिल होने चाहिये। हालांकि बड़ी योजनाओं के लिए भी डे-प्लान की तरह ही योजना बनायें। मसलन बड़ी योजना के लिए भी डेडलाइन तय करें। कि आपकी कौन सी योजना तीन, पांच या दस साल में पूरी होनी है। इसके लिए हर दिन थोड़ा-थोड़ा काम करते जाएं।

15

ऑनलाइन इंटरव्यू के समय बॉडी लैंग्वेज कैसी होनी चाहिए

वॉडी लैंग्वेज अपनेआप में बहुत कुछ कहती है, दरअसल यह आपके व्यक्तित्व का आईना है, कोई भी समझदार आदमी आपकी वॉडी लैंग्वेज को देखकर आपके बारे में बहुत कुछ पता लगा सकता है। हममें से ज्यादातर लोग अपनी वॉडी लैंग्वेज को लेकर अकसर लापरवाह रहते हैं, जो ठीक नहीं है, क्योंकि कई बार गलत वॉडी लैंग्वेज आपके बनते काम को बिगाड़ देती है। खासतौर पर तब जबकि आप अपनी जिंदगी या करियर की शुरूआत करने जा रहे हों। आज बात करते हैं, ऐसी ही कुछ गलतियों के बारे में जो इंटरव्यू के दौरान ज्यादातर लोग करते हैं, जो योग्यता होते हुए भी उन्हें मंजिल से दूर कर देतीं हैं। तो जब आप अगली बार जब भी इंटरव्यू देने जाएं तक वॉडी लैंग्वेज से जुड़ी यह गलतियां कतई ना करें। नतीजा उम्मीद के मुताबिक आएगा।

1- मजबूतहोहैंड-शेक

सबसे कॉमन वॉडी लैंग्वेज से जुड़ी गलती है, कभी भी किसी के साथ कमजोर हैंड-शेक नहीं करना चाहिये। कमजोर हैंड-शेक आपकी लापरवाही या कमजोर आत्मविश्वास को दर्शाता है। इंटरव्यू के समय यह और भी अहम है। आपके हाथ मिलाने के तरीके से ही आपकी पर्सनेलिटी जज हो जाती है, और ज्यादातर इंटरव्यूअर्स कमजोर हैंड-शेक वाले उम्मीदवारों को जॉब के लिए नहीं चुनते हैं। जब भी किसी से मिलें तो पूरी गर्मजोशी के साथ हाथ मिलाएं, यह आपके उत्साह और आत्मविश्वास को दर्शाता है।

2-मुस्कुरानेसेपरहेजनाकरें

यह वॉडी लैंग्वेज से जुड़ी दूसरी बड़ी गलती है, जो ज्यादातर लोग इंटरव्यू के दौरान करते हैं, बातचीत के बीच एक बार भी नहीं मुस्कुराना आपका इंटरव्यू लेने वाले का मूड बिगाड़ देता है, और कोई भी कंपनी या संस्थान नीरस और गंभीर लोगों को अपने यहां नहीं रखता। बातचीत के दौरान जहां मौका आए वहां जरूर मुस्कुराकर बात करें, इससे माहौल हलका होता है, साथ ही सामने वाले को यह एहसास होता है, कि आप नीरस या तनाव से घिरे हुए इंसान नहीं है। बल्कि जॉब के लिए उत्साहित हैं।

3- आंखेमिलाकरकरेंबात

वॉडी लैंग्वेज से जुड़ी यह भी गंभीर गलती है, इंटरव्यू के दौरान सामने वाले से आंखे मिलाकर बात ना करना, उसके मन में आपके लिए शक और संशय पैदा करता है। साथ ही आपके कमजोर व्यक्तित्व को दिखाता है। यह आपके बारे में उसे गलत संदेश देता है, लगता है, कुछ है, जिसे आप छिपाना चाहते हैं। इसलिये जब भी जॉब इंटरव्यू के लिए जाएं, सामने वाले से आंखे मिलाकर बात करें, यह आपकी विश्वसनीयता का चिन्ह है।

4-जरूरतकेमुताबिकगंभीरहोना

कई बार इंटरव्यू के दौरान कुछ उम्मीदवार सेल फोन चैक करने, चाबी से खेलने या इधर-ऊधर देखने जैसी बचकानी हरकते करके अपनी चंचलता दिखाने की कोशिश करते हैं, यह भी वॉडी लैंग्वेज से जुड़ी गलती मानी जाती है। इससे सामने वाले को यह लगता है, कि आप उसकी बातों को गंभीरता से नहीं ले रहे हैं, या फिर चर्चा में आपकी रूचि नहीं है। इस गलती से भी आप जॉब के लिए रिजैक्ट हो सकते हैं। लिहाजा इस पर ध्यान दें। बातचीत के दौरान पर्याप्त गंभीरता भी अपने हावभाव से जाहिर करें। ताकि सामने वाले के दिमाग तक यह साफ संदेश पंहुचे की आप नौकरी और अपने भविष्य को लेकर गंभीर हैं।

जबऑनलाइनदेरहेहोंइंटरव्यू-

आजकल कोरोना के दौर में कई कंपनियों के सिलेक्शन वीडियो कॉलिंग या ऑनलाइन माध्यम से भी हो रहे हैं। जहां आप घर से अपने फोन के जरिये इंटरव्यू देते हैं, यहां भी वॉडी लैंग्वेज से जुड़े इन नियमों का सही पालन करना जरूरी है। घर से इंटरव्यू के दौरान भी लापरवाही ना बरतें, बल्कि पूरी तरह तैयार होकर और प्रोफेशनल तरीके से ही व्यवहार करें। शब्दों का चयन भी सावधानी से करें, और

वीडियो कॉल पर भी अपनी वॉडी लैंग्वेज का पूरा खयाल रखें।

16

जॉब में टॉप परफॉर्मेंस के लिए जरूरी है ब्रेक मैनेजमेंट, यहां सीखिए -

कोरोनाकाल में हमारे काम करने की तरीके पूरी तरह से बदल गए हैं, ऐसे में ज्यादातर लोग वर्क फ्रॉम होम कल्चर में काम कर रहे हैं, हालांकि जो लोग पहले से वर्क-ब्रेक मैनेजमेंट को जानते हैं, वे तो ठीक हैं, लेकिन घर से काम करने के दौरान ज्यादातर लोगों को काम के दौरान ब्रेक लेने के मामले में परेशानी आ रही है। क्योंकि इस मामले में बड़ा सवाल यह है, कि आपको दिन में कितने ब्रेक काम के दौरान लेने चाहिये।

यह वैज्ञानिक तथ्य है कि, लगातार बिना ब्रेक काम करने से थकान के साथ ही फोकस में भी कमी होती है, जो आपके लिए नुकसान दायक है, तो आईये यहां बात करते हैं, वर्क-ब्रेक मैनेजमेंट के कुछ सफल फार्मूलों की आपको जो भी पंसद आए चुन लीजिये।

यह फार्मूला ज्यादा प्रोडेक्टिव कर्मचारियों के लिए है। इसमें 52 मिनिट काम करने के बाद 17 मिनिट का लंबा ब्रेक लोग लेते हैं, इस दौरान कोई काम नहीं करते और खुद को रिलेक्स करते हैं, इस फार्मूले के जरिये भी आप बेहतर फोकस के साथ काम करते हुए, खुद को स्ट्रेस फ्री रख सकते हैं।

90 मिनिट ब्रेक का फार्मूला

इसको अपनाने वाले लोग 90 मिनिट लगातार काम करने के बाद एक लंबा ब्रेक लेते हैं, इस दौरान वे खुद को रिलेक्स करते हैं, करीब 30 मिनिट के ब्रेक के दौरान वे खुद को फिर काम करने के लिए तैयार कर लेते हैं। इससे थकान दूर करने और फोकस बढ़ाने में मदद मिलती है। यह फार्मूला वैज्ञानिक शोध पर आधारित

है, जो यह बताता है कि, इंसान का शरीर बिना ब्रेक लिये लगातार 90 मिनिट तक काम कर सकता है, लेकिन इसके बाद शरीर को ब्रेक की जरूरत होती है।

ब्रेक के लिए 50-10 फार्मूला, सबसे लोकप्रिय

अगर 90 मिनिट का समय आपको ज्यादा लगता है, तो दूसरा फार्मूला 50-10 का है। इसके तहत आप 50 मिनिट लगातार काम करने के बाद 10 मिनिट का ब्रेक लेते हैं। दस मिनिट रिलैक्स होने के बाद आप फिर अगले 50 मिनिट के लिए काम करने को तैयार हो जाते हैं। ज्यादातर लोग इस फार्मले को कारगर मानते हैं, यह लोकप्रिय है

ब्रेककेलिए25-5 फार्मूला

इसके तहत आप 25-25 मिनिट के टाइम स्लॉट में काम कर सकते हैं, और हर 25 मिनिट के बाद एक 5 मिनिट का ब्रेक लेते हैं। इसें दिन में चार से पांच बार दोहराकर 25 से 30 मिनिट के ब्रेक में फोकस के साथ ज्यादा देर तक काम किया जा सकता है, और शारीरिक और मानसिक थकावट कम होती है।

ब्रेककेलिए52-17 फार्मूलाज्यादाप्रोडेक्टिवकर्मचारियोंकेलिए

यह फार्मूला ज्यादा प्रोडेक्टिव कर्मचारियों के लिए है। इसमें 52 मिनिट काम करने के बाद 17 मिनिट का लंबा ब्रेक लोग लेते हैं, इस दौरान कोई काम नहीं करते और खुद को रिलेक्स करते हैं, इस फार्मूले के जरिये भी आप बेहतर फोकस के साथ काम करते हुए, खुद को स्ट्रेस फ्री रख सकते हैं।

ब्रेककेदौरानक्याकरें

वर्क-ब्रेक के दौरान खुद को पूरी तरह रिलेक्स करें। इस दौरान संगीत सुनना, आंखे बंद करके शांति से बैठना या घर में ही कुछ देर टहलने, गार्डन की हरियाली या गमलों के पेड़ों और फूलों को देखने जैसी चीजें करें, ब्रेक के दौरान कोई भी काम ना करें।

17

DIGITAL ADDICTION: अपनी जांच और इलाज खुद करें

दुनिया में कोरोना महमारी आई यह तो सभी ने देखा लेकिन इसके साथ-साथ और कितनी बीमारियां आईं हैं, क्या इसका अंदाजा है, आपको अगर नहीं तो मिलिये पहली मुसीबत नीमोफोबिया से जिसकी शुरूआती स्टेज को डिजिटल एडिक्शन कहा जाता है। हालांकि इस बीमारी की शुरूआत तो कोरोना से पहले ही हो गई थी, लेकिन कोरोनाकाल में इस नई महामारी को भी फलने-फूलने का मौका मिला है। कोरोनाकाल में दिल्ली एम्स द्वारा कराए गए सर्वे के आंकड़े बताते हैं, कि देश में लॉकडाउन के दौरान डिजीटल एडिक्शन के मरीज 4 गुना तक बढ़ गए हैं, जिनमें सबसे बड़ी संख्या बच्चों और युवाओं की है। क्योंकि पिछले 8 महीनों में स्क्रीन टाइम बढ़ा है, और लोगों ने महामारी के दौर में स्मार्ट फोन या डिजिटल स्क्रीन को ही अपना साथी बना लिया। इस मामले में महिलाएं भी पीछे नहीं हैं, वे भी अपना 40 प्रतिशत से ज्यादा समय स्क्रीन पर बिता रहीं हैं।

हमारी जीवनशैली से जुड़ी यह बीमारी पूरी तरह से इंसान ने खुद ही पैदा की है। लेकिन नतीजे बहुत गंभीर आने वाले हैं। युवाओं में यह अनिद्र, अवसाद और गुस्से के तौर पर दिख रहे हैं, तो वहीं बच्चों में जिद्दीपन, फोकस में कमी, व्यवहार में बदलाव, नींद में डरना और दिनचर्या बिगडने जैसी चीजों के तौर पर सामने आ रहे हैं।

ऐसेजानेआपडिजीटलएडिक्टितोनहीं-

-स्मार्ट फोन स्क्रीन को लेकर लगातार तलब बनी रहे। एक बार फोन, लैपटॉप या टैबुलेट उठा लेने के बाद बंद करने में समस्या हो, बार-बार स्क्रीन ऑन करने की इच्छा बनी रहती है।

-यह जानते हुए कि, दिनचर्या और आपका जीवन प्रभावित हो रहा है, खेलने, सोने कहीं आने-जाने जैसे कामों में देरी हो रही है। फिर भी आप मोबाइल नहीं छोड़ पा रहे हैं।

-रात में नींद से उठकर या सुबह जागने पर सबसे पहले मोबाइल की तरफ भागते हैं, मतलब आप डिजिटल एडिक्शन के शिकार हो चुके हैं। यह भी देखें कि, आप दिन में कितने घंटे मोबाइल पर बिता रहे हैं। 2 या 3 घंटे से ज्यादा का समय एडिक्शन की श्रेणी में आता है।

और डिजीटल एडिक्शन का ऐसे करें इलाज-

-एडिक्शन से बचने के लिए अभी से कठोर नियम बनाईये। एक बार में 30 मिनिट से ज्यादा किसी भी हालत में स्क्रीन के सामने ना रहें। अगर काम की मजबूरी में इससे ज्यादा रहना पड़े तो हर 30 मिनिट में ब्रेक लेना जरूरी है।

-हर 30 मिनिट के अंतराल पर पलकों को 10 से 20 बार जरूर झपकायें। और गर्दन को लेफ्ट-राइट व अप-डाउन करें, कम से कम 20 बार।

-हाथों की कलाईयों को भी इतनी ही बार क्लॉक वाइस और एंटी क्लॉक वाइस घुमाएं।

-रात को सेल फोन स्वीस ऑफ करें, संभव नहीं तो साइलेंट या वाइब्रेट मोड पर रखें। बार-बार फोन चैक करने की आदत को कम करना शुरू करें।

-हर रोज 10 मिनिट हरियाली को देखने का नियम बनायें। अपने ध्यान को मोबाइल की जगह दूसरे कामों या चीजों पर डायवर्ट करें।

-काम के बीच में कभी भी फोन चैक करने की आदत बंद करें। अपने कामों को समय पर पूरा करने के लिए दिनचर्या बनाएं, और उसी के मुताबिक काम करने की आदत बनायें।

18

सफलता हासिल करने की उम्र क्या होती है, आइए पता लगाते हैं क्या सचमुच किसी की उम्र गुजर जाती है

अगर मैं आपसे पूछूं कि इंसान की जिंदगी में सफलता हासिल करने की उम्र क्या होती है, तो शायद ज्यादातर लोगों का जबाव होगा, 25 या 30 साल की उम्र ज्यादा से ज्यादा लोगों को लगता है, कि इंसान 40 साल की उम्र तक ही अपने जीवन में कामयाब हो सकता है, लेकिन वास्तव में ऐसा नहीं है।

जिसउम्रमेंसपनाऔरहौसलाएकसाथहो, वहीउम्रसफलताकीहै

दरसअल जिंदगी में सफलता हासिल करने की कोई उम्र नहीं होती, अगर आपके पास हौसला और सपना है, तो फिर उम्र मायने नहीं रखती, दुनिया में ऐसे कई लोग हैं, जिन्होंने उम्र के उस पड़ाव पर पंहुचकर भी कामयाबी हासिल की है, जहां लोग अपनी जिंदगी को खत्म हुआ मानने लगते हैं, यहां मैं आपको ऐसा एक नहीं बल्कि चार हस्तियों के उदाहरण दूंगा, जो सफलता को लेकर आपकी सोच पर फिर सोचने को मजबूर कर देंगे।

हेनरीफोर्डजिंदगीके45 सालमेंसफलहुएथे

जब हैनरी फोर्ड ने मशहूर मॉडल टी कार तैयार की, तब उनकी उम्र 45 साल की हो चुकी थी, लेकिन हैनरी के हौसले के आगे उम्र पीछे छूट गई, आज फोर्ड मोटर्स ऑटो इंड्रस्टीज के अंदर दुनिया में जानामाना नाम है। इससे पहले हैनरी पांच कारोबार करके उनमें फेल हो चुके थे।

चार्ल्सडार्विननेसाइंसकीदुनियाकोबदलनेवालीकिताब50 सालकीउम्रमेंलिखीथी

दूसरा नाम है, मशहूर वैज्ञानिक चार्ल्स डार्बिन का 50 की उम्र में पंहुचकर उन्होंने ऑन द ओरिजिन ऑफ स्पीशीस लिखी, इसी किताब ने विज्ञान की दुनिया

को पूरी तरह से बदल कर रख दिया था।

हारलैंडसैंडर्सको65 कीउम्रमेंKFC ब्रांडबनानेकाआईडियाआयाथा

जवानी के दिनों में सडक़ों के किनारे फ्राइड चिकिन बेचने वाले हारलैंड सैंडर्स को जब केएफसी को व्रांड बनाने का आइडिया आया तब उनकी उम्र 65 साल हो चुकी थी, इसी उम्र में उन्होंने केएफसी की शुरूआत की और आज सारी दुनिया केएफसी को जानती है।

अभिनेत्रीजूडीडेंचको61 सालकीउम्रमेंपसंदकियागया

इसी तरह से इंगलैंड़ की जूडी डेंच एक स्टेज कलाकार थीं, उन्हें 61 साल की उम्र में जेम्स बॉन्ड की फिल्म में एक का किरदार करने को मिला। जिसके बाद उन्होंने सफलता और प्रसिदि्व पाई, इसके बाद से बड़ी उम्र के बाद भी वे बॉन्ड की लगभग हर फिल्म में दिखाई देतीं हैं।

सफलताकाउम्रसेकोईलेनादेनानहीं

इन उदाहरणों से साफ है, कि जिंदगी में सफलता का उम्र से कुछ लेनादेना नहीं है, जीवन में ज्यादातर लोग लंबे समय तक सफलता नहीं मिलने पर निराश हो जाते हैं, या फिर सोचने लगते हैं, अब तो कुछ करने की उम्र निकल गई, लेकिन ऐसा नहीं है, जिंदगी का अपना गणित है, इसलिये कोशिश करते रहिये, कब किस्मत आपका दरवाजा खटखटा दे कोई नहीं जानता। इसलिये यह सोचकर मत बैठ जाना कि, अब कुछ नहीं हो सकता, बल्कि चलते रहिये, भले ही तेज नहीं तो धीमी रफ्तार से।

19

SUCCESS के लिए एक सबसे ज्यादा जरूरी बात क्या है -

एक बार एक किसान परेशान होकर एक साधु के पास पंहुचा, दरअसल वह अपने खेत पर कुआं बनाना चाहता था, लेकिन काफी कोशिश के बाद भी वह कुआं बना नहीं पा रहा था, उसने साधु से अपनी समस्या का हल पूछा, तो साधू ने कहा कि, पहले मैं उस जगह को देखना चाहता हूं जहां तुम कुआं खोद रहे हो।

दोनों उस खेत पर पंहुचे तो वहां साधू ने देखा कि, कुछ-कुछ दूरी पर छह सात गड्ढे खुदे पड़े हैं। कोई 2 फीट गहरा, कोई 5 फीट गहरा। साधु ने किसान से पूछा यह क्या तुमने? तो किसान ने जबाब दिया, कि मैं जमीन पर थोड़ी खुदाई करता हूं और फिर यह सोचकर कि यहां पानी नहीं मिल रहा, उसे छोडक़र दूसरी जगह खोदना शुरू कर देता हूं। साधु ने कहाकि तुम्हारा काम ही तुम्हारी समस्या है, जितनी मेहतन तुमने अलग-अलग जगहों पर की, अगर इतनी एक ही जगह पर की होती, तो अभी तक तुम्हें पानी भी मिल गया होता और तुम्हारा कुआं भी तैयार हो गया होता लेकिन तुमने कई जगह अपना श्रम और समय बर्बाद कर दिया, और इस तरह ना कुआं बना और तुम्हारा खेत भी खराब हो गया।

हमभीअपनीलाइफमेंऐसाहीकररहेहैं

अब इस कहानी को अपनी जिंदगी पर लागू करके देखिये। हममें से कितने ही लोग ऐसा करते हैं, कभी कुछ करते हैं, तो कभी कुछ। क्या हम सब इसी किसान जैसे नहीं हैं। आपके आसपास ही ऐसे कई लोग मिल जाएंगे, जिनका किसी एक काम पर फोकस नहीं होता। दरअसल वे तय ही नहीं कर पाते कि करना क्या है। एक काम किया, उसे छोड़ा फिर दूसरा, फिर तीसरा। यह सोचकर कि इस काम में सक्सेस नहीं मिलती तो दूसरा करते हैं, और इसी तरह अपनी ऊर्जा और समय को नष्ट करते रहते हैं, साथ ही मंजिल पर भी नहीं पंहुच पाते। जबकि अगर वे एक ही

काम पर टिककर अपना फोकस और ताकत उस पर लगाएं तो आसानी से अपनी मंजिल पर पंहुच सकते हैं, यानि सफलता हासिल कर सकते हैं। लेकिन हर बार इरादा बदलने या काम बदलने से विश्वास कम होता है, और मंजिल दूर होती चली जाती है।

सक्सेस के लिए टिकार हना जरूरी

इस सूत्र को गांठ बांध लें, जो टिका रहता है, वही जीतता है। दुनिया में सफलता की ऐसी हजारों कहानियां आपको पढ़ने मिल जांएगीं। जहां तमाम मुश्किलों के बाद भी लोग अपने काम और लक्ष्य पर डटे रहे और आगे जाकर सबसे सफल साबित हुए।

सोच समझकर अपना रास्ता चुनिये चाहे आप किसी भी क्षेत्र में हों, और बस फिर उस पर डट जाइये। बदलना पड़े तो रास्ते बदलिये, लेकिन मंजिल नहीं। फोकस के साथ की गई मेहनत कभी बेकार नहीं जाती।

20

NEGATIVITY, मन का डर और डिप्रेशन को खत्म करने के 5 विकल्प -

शोध कहते हैं, कि हर इंसान को प्रतिदिन हजारों विचार मन में आते हैं, इनमें से ज्यादातर निगेटिव या बुरे विचार होते हैं, या फिर फालतू होते हैं। अगर घर का कोई सदस्य आने में लेट हो जाए तो सबसे पहले आपके मन किसी घटना-दुर्घटना का विचार ही क्यों आता है।

आईयेजानतेहैं, क्याहैपांचकापंच

आप ऐसा क्यों नहीं सोच पाते कि, हो सकता है, कि सामने वाला किसी अच्छे काम की वजह से लेट हो रहा हो। ऐसा इसलिये, क्योंकि निगेटिव विचारों का आना इंसानी स्वभाव है, मन हमेशा नकारात्कता की तरफ बहता है, उसे पॉजीटिव बनाने के लिए कुछ कोशिश करनी पड़ती है, ऐसे ही 5 तरीकों को मैं 5 का पंच कहता हूं। महामारी के इस दौर में जब नेगेटिविटी हर तरफ हावी हो गई है, बुरे विचारों से दूरी बनाना और उन्हें मन से बाहर निकालना और भी जरूरी हो गया है। तो आईये जानते हैं, क्या है पांच का पंच।

सबसे पहले अच्छे कामों में अपनी व्यस्तता को बढ़ाएं। कहावत है खाली दिमाग शैतान का घर। तो इस घर को खाली ना छोड़े शैतान के लिए, बल्कि अच्छी किताबों और दूसरे माध्यमों से अच्छी विचारों के साथ रहें, दिनचर्या इस तरह की बनाएं कि, फालतू के विचार आएं ही नहीं, जैसे ही आंए खुद को किसी ना किसी काम में व्यस्त कर लें।

दूसरा दिमाग को हर रोज व्यायाम करवाएं, जैसे शरीर फिट रहना जरूरी है, वैसे ही दिमाग भी। इसके लिए क्रास वर्ड, पहेलियां या चेस और लूडो जैसे दिमाग वाले खेल खेलें। ऐसे काम तलाश करें जिन्हें करने के लिए दिमाग पर जोर देना

पड़े। गणित का सामान्य हिसाब-किताब कैलकुलेटर की जगह दिमाग पर जोर देकर करें।

तीसरी बात अगर कुछ बुरे विचार ज्यादा ही परेशान कर रहे हैं, तो उन्हें कागज पर लिख डालिए। फिर उन्हें ऐसे देखिये कि यह किसी और की समस्या है, जिसका हल आपको तलाशना है। दो-चार बार लिखकर देखिये, नतीजे आपको चौंका देंगे।

चौथा खुद से बात करें, और अपने प्रति सहानुभूति रखें। जितनी बार आप खुद से बात करेंगे, चीजें दिमाग में उतनी साफ होतीं जाएंगी। और अंतिम बात हममें से ज्यादातर लोग या तो अतीत की यादों में जीते हैं, या भविष्य की चिंताओं में।

जिनसे बुरे विचार और आशंकाएं मन में पैदा होती हैं, अतीत बीत गया और भविष्य अभी आया नहीं है, ऐसे में उनकी चिंता करने की जगह हमें वर्तमान पर फोकस करना चाहिये। अगर वर्तमान अच्छा बनेगा, तो भविष्य अपने आप अच्छा होगा। फिर सारी चीजों की चिंता आप करेंगे, तो भगवान क्या करेगा, कुछ उसके लिए भी छोड़ें वर्तमान में जीवन का आंनद लें, बुरे विचार खुद दूर हो जाएंगे।

21

24 घंटों में क्या फर्क है, 1 मिनट में यहां समझिए

कहते हैं, जिसने समय प्रबंधन सीख लिया, उसने जीना सीख लिया। क्योंकि जीवन में आगे बढ़ने या यह कहें की सफलता की पहली शर्त होती है, टाइम मैनेजमेंट यानि समय प्रबंधन। हम सभी के पास 24 घंटे हैं, क्योंकि 25 वां घंटा ऊपरवाले ने बनाया नहीं, लेकिन इसी समय के अंदर कोई अपने जीवन में कहीं से कहीं पंहुच जाता है, और कोई जीवन में वहीं खड़ा रह जाता है, जहां वह था, या फिर पीछे चला जाता है। आप सोचते हैं, ऐसा क्यों होता है। आखिर क्या फर्क होता है, एक सफल और असफल इंसान के बीच। पहला और अंतिम सबसे बुनियादी फर्क है, समय की कद्र। हममे से ज्यादातर लोग अपना दिन किस तरह बिताते हैं, आप बेहतर तरीके से जानते हैं। दिनभर में समय का बड़ा हिस्सा उन कामों में खर्च हो जाता है, जिनका आपके भविष्य या सफलता से कोई लेना देना नहीं है। देर से सोना और देर से उठना ऐसे ही काम हैं। तो फिर क्या करें, कि समय का बेहतर प्रबंधन हो सके और आप यह कला सीख सकें।

पहला नियम है कि, सबसे पहला काम सुबह जल्द उठने की आदत डालिये। दुनिया के सफल लोगों की दिनचर्या में यह आदत हमेशा शुमार रही है। क्योंकि समय से उठने पर ही आपका दिन और समय व्यवस्थित हो सकता है। आपके दिन में कुछ अतरिक्त घंटे जुड़ जाएंगे।

दूसरा नियम है, अपने हर दिन के काम की लिस्ट तैयार कीजिये। इससे आपको जीवन में अपनी प्राथमिकताएं पता चलेंगीं, और यह भी जान पाएंगे, कि आपको कौन सा काम पहले करना है, और कौन सा बाद में। डे-प्लान हाथ में होगा तो दिमाग में उलझन भी कम होगी।

तीसरा नियम कहता है, कि समय प्रबंधन के लिए खाने और सोने जैसे कामों का समय तय कीजिये। ये काम समय पर नहीं किये तो आपका दिन कभी व्यवस्थित नहीं हो सकता।

चौथा और अंतिम नियम है, समय की बर्बादी रोको। पैसे की तरह ही समय का उपयोग आप दो तरीकों से कर सकते हैं, या तो उसे फिजूल खर्च कर दें, दोस्तों की गपशप में, सोशल मीडिया पर या फिर दूसरी बेकार की बातों में, और या फिर उसे अपने भविष्य और सपनों के लिए निवेश कर दें। यह ध्यान रखें, गया हुआ समय वापस नहीं लौटेगा, ऐसे में आप समय की बचत ही कर सकते हैं, उसकी बर्बादी को रोककर।

मैं यह नहीं कहता कि दोस्त, सोशल मीडिया या गपशप जरूरी नहीं हैं, लेकिन अगर आप अपना पूरा दिन इन कामों में लगा देंगे, जैसा कि, आजकल ज्यादातर लोग कर रहे हैं, तो फिर आपके लक्ष्य के लिए समय कैसे बचेगा। समय का जितना बेहतर इस्तेमाल आप कर पाएंगे, जीवन में उतने ऊपर उठते जाएंगे।

अब तक दुनिया में सफल हुए लोगों का इतिहास तो कम से कम यही कहता है, आगे आपकी मर्जी, लेकिन फिर आप ईश्वर को दोष नहीं दे सकते, क्योंकि उसने उतना ही समय आपका दिया है, जितना दूसरों को दिया है, समय प्रबंधन की कला जीवन में जितनी जल्दी सीखें, उतना फायदेमंद है।

22

हरचुनौतीमेंआपकासाथदेंगेयेतीन इनकोबनाईयेअपनासाथी

महामारी के इस दौर में चारों तरफ निराशा का वातावरण है, जिस चेहरे को भी हम देखें, वही चिंता से घिरा नजर आता है, लोगों मे चिंता है, भविष्य को लेकर, आने वाले कल को लेकर। जो कि स्वाभिक भी है। सबकुछ ठीकठाक चल रहा था, जीवन में कि अचानक यह महामारी का महासंकट आ गया। अब सवाल यह उठता है, कि इस निराशा और नकारात्मकता के महौल में आप क्या सोच रहे हैं, क्या आप भी बाकी लोगों की तरह सिर्फ चिंता ही कर रहे हैं, या फिर आपके पास इस चुनौती से निपटने का कोई प्लान है, जीवन तो हमेशा से ही अनिश्चत है, कब क्या हो कोई नहीं जानता, लेकिन इसके बाद भी इंसान ने अपने हौसले और साहस से हमेशा चुनौतियों का डटकर सामना किया है, हमारा इतिहास इस बात का गवाह है, कि इंसान की हिम्मत ने हर मुश्किल को बौना साबित किया है। जब कोई मुश्किल या चुनौती सामने होती है, तब दो ही रास्ते होते हैं, या तो हम बैठकर उसकी चिंता करें और रोना रोएं और या फिर उससे बाहर निकलने का रास्ता तलाशने में जुट जाएं। मैं हमेशा दूसरा रास्ता अपनाने को कंहूगा, क्योंकि यह आशा और उम्मीद से भरा हुआ है, और दूसरे विकल्प पर चलने के लिए आपको तीन मित्र चाहिये, तो आईये आज बात करते हैं, ऐसे ही तीन साथियों की, जिनसे दोस्ती करके आप इस विपरीत पस्थिति में हिम्मत रखने के साथ ही आगे का रास्ता तय कर सकते हैं। जो आपको परिस्थिति के मुकाबले की प्रेरणा देंगे।

इनमें सबसे पहला साथी है, विश्वास-दूसरे क्या कहते हैं, यह कीमती नहीं है, बल्कि कीमती यह है, कि आप क्या सोचते हैं, जब दूसरे हालात को कोस रहे हैं, तब भी अगर आपके मन में भरोसा कायम है, मतलब आप सही रास्ते पर हैं, यह यकीन रखिये कि दुनिया में कोई ताला ऐसा नहीं है, जिसकी चाबी ना हो, ऐसे ही

ईश्वर ने ऐसी कोई समस्या नहीं बनाई जिसका समाधान ना हो या जो कभी खत्म ही ना हो, दुनिया में इससे पहले भी कई समस्याएं आईं और चलीं गईं, ऐसे ही आज नहीं तो कल यह महामारी का संकट भी चला जाने वाला ही है, यह भरोसा अपने अंदर जगाईये। दूसरा है, कोशिश- बेशक इस साल बुरे वक्त की शुरूआत के बाद से बहुत लोगों ने दुनिया में बहुत कुछ खोया है, तकलीफों और समस्याओं की कई कहानियां है, लोगों के पास।

लेकिन हम परिणाम से डरकर कोशिश करना नहीं छोड़ सकते, क्योंकि कोशिश ही हर बार आपको आगे ले जाती है। मानाकि, आपकी समस्या भी कम छोटी नहीं होगी, लेकिन दुनिया में लाखों लोग सबकुछ खोने के बाद फिर आगे बढने की कोशिश कर रहे हैं, फिर आप इतनी जल्दी कैसे हार मान सकते हैं। नहीं, आपको फिर कोशिश करनी चाहिए, कोशिश करना मत छोडिये। गुच्छे की कौन सी चाबी आपकी किस्मत का ताला खोल देगी कोई नहीं जानता, और तीसरी और अंतिम बात है, हिम्मत-विश्वास और कोशिश से पहले हर इंसान को हिम्मत की जरूरत पड़ती है, दुनिया के इतिहास पर नजर डालें तो सैकड़ों नाम गिनाये जा सकते हैं, जिन्होंने अपनी हिम्मत से जिंदगी की कहानी को बदल दिया।

गांधीजी भीड़ के सामने बोलने से डरते थे, बुरसली बचपन में बहुत बीमार राह करते थे, और उनकी आंखें कमजोर थी, हमारे वर्तमान पीएम का बचपन गरीबी में बीता तो वहीं बेयर ग्रिल्स रीढ़ की हड्डी टूटने के बाद डॉक्टरों को उनके फिर से खड़े होने का भी भरोसा नहीं था। बावजूद इसके वे आज दुनिया के लगभग सभी ऊंचे पहाड़ों पर चढ़ चुके और दुनियाभर के खतरे उठाते हैं, इनमें से किसी के लिए भी जिंदगी आसान नहीं थी, और ये सिर्फ चंद नाम है, ऐसे और भी कई लोग हैं, जिन्होंने हिम्मत जुटाकर तकदीर का रूख मोड़ दिया। आपने एक कहावत अगर सुनी होगी, जिसका आसान अनुवाद होता है, कि हिम्मत करने वाला हाथी को भी बांध सकता है, और मानता हूं आपके अंदर भी हिम्मत की कोई कमी नहीं है।

तो बस चिंता को खूंटी पर टांग दीजिए, और उम्मीद का दामन पकडिये। मैं यह भी मानता हूं कि विपरीत परिस्थति में हिम्मत बनाये रखना आसान नहीं होता, लेकिन इसके अलावा दूसरा विकल्प नहीं अगर हमें इस अंधेरी रात से बाहर निकलना है, तो हिम्मत चाहिए। आपको खुद से कहना होगा, कि मैं इतनी आसानी से टूटने वाला नहीं हं, मैं इस अंधेरे बाहर जरूर निकलकर दिखाऊंगा, और देखना आप जरूर विजेता बनकर निकलेंगे, क्योंकि आप टूटने के लिए नहीं बल्कि रिकार्ड तोडने के लिए बने हैं।

www.ingramcontent.com/pod-product-compliance
Lightning Source LLC
LaVergne TN
LVHW021737060526
838200LV00052B/3326
* 9 7 8 1 6 3 9 0 4 4 1 6 0 *